長崎偉人伝

永見《ながみ》徳太郎《とくたろう》

新名規明

はじめに

芥川龍之介の命日（七月二十四日）は「河童忌《かっぱき》」と呼ばれている。長崎の博物館（以前は長崎市立博物館、現在は長崎歴史文化博物館）では、河童忌の前後の週間には、長崎での芥川関連の資料が展示されるのが恒例になっている。そこには、龍之介が丸山芸者・照菊《てるぎく》に贈った「河童屏風」が必ず展示される。そのほか、照菊の写真や銅座町の永見徳太郎邸の庭先で写した四人の集合写真も展示される。大正八年（一九一九）五月、芥川龍之介と菊池寛は長崎を訪れ、永見邸に滞在した。庭先での四人の集合写真はその折のものである。

四人のメンバーは向かって左から永見徳太郎（三十歳）、武藤長蔵（三十九歳）、芥川龍之介（二十八歳）、菊池寛（三十二歳）である。本書での年齢表記は、原則として数え年による。

武藤長蔵は長崎高等商業学校教授で、このときは長崎の案内役をつとめたのかもしれない。芥川と菊池は作家専業になったばかりの新進作家で、取材のため長崎を訪れていたのだった。当時の文人や画家は長崎に来たら長崎市銅座町の永見徳太郎の世話になれと言われていたらしい。芥川は画家の近藤浩一路の紹介で永見の世話になったのである。芸術愛好家の永見徳太郎は画家や文学者との交流を好み、彼らを格別に優遇した資産家として知られていた。

この写真を見ると、中央に腰を下ろした芥川龍之介の容貌のなんと若々しいことか。キリシタンものの名作「奉教人の死」を前年の九月に発表し、さらに長崎を舞台にした作品を書こうという意欲が現われているようだ。右端の縁側に腰かけた和服姿の永見徳太郎はどうか。縁なし眼鏡に口ひげはいかにも少壮実業家らしい感じもするが、両手に冊子を手にしているところは文筆家のようでもある。この写真の永見の顔は、有望な作家を自宅に招いた幸福感が出ているようにも思える。

画人・竹久夢二が永見徳太郎邸を訪れたのは、大正七年（一九一八）八月のある日だった。それからしばらく夢二は永見邸に滞在した。その折の永見邸洋間での写真を松本松五郎の娘・松本名那さんが所蔵している。額縁入りの油絵が飾られた洋間の丸テーブルを囲んで、前列椅子にかけているのは、左より永見徳太郎、当時長崎医専教授だった斎藤茂吉（三十七歳）、竹久夢二（三十五歳）、大庭耀（長崎新聞記者）。後列に立っているのは地元の青年歌人、三浦達雄と松本松五郎である。（81頁写真）『アララギ』の歌人・斎藤茂吉と著名な画人・竹久夢二を迎えての記念写真であろう。このときの徳太郎には芸術をこよなく愛する満足した者の表情が出ているようだ。

大正十一年（一九二二）十月下旬、坪内逍遥夫妻が長崎を訪れ、永見家の客となった。このときの永見家座敷での写真には、多くの人々が写っており興味深い。文壇の大御所・坪内逍遥が来ているとあって、地元の学者・文化人が駆けつけたのであろう。武藤長蔵、本山桂川、古賀十二郎、石橋忍月の顔が見られる。逍遥夫妻と自分の妻・銀子を中央に座らせ、徳太郎は左端に控えているのだが、背筋を伸ばしていかにも晴れがましい様子に見えるのである。（131頁写真）

大正十五年（一九二六）三月上旬、永見徳太郎一家は長崎銅座の家を引き払い、東京へ移住する。この件に関しては、長崎での事業に失敗したからであるなどの説があるが、私はそうは思わない。東京に出て文筆家として活躍したい意欲がそうさせたのであると考えたい。

徳太郎周辺の人物であった渡辺庫輔《くらすけ》と蒲原《かもはら》春夫が芥川龍之介の田端の家の近くに下

上京後の徳太郎と西荻窪の新居
（大谷著「続編」p219 より）

宿して、中央での文筆活動を始めたことも刺激になっていただろう。大正十一年の初秋、二十二歳の庫輔と二十三歳の春夫は上京した。大正十五年、徳太郎は三十七歳になっていたが、芸術文化に関してはそれなりの実績を積んできたという思いがある。長崎にいるときは、他所から来る人たちへの長崎文化の紹介者であったが、これからはみずから中央に出て長崎文化の伝道者になるつもりでいたのだろう。

東京に出てしばらくして、西荻窪に新居を建てた。和室と洋間が十室以上あり、広い敷地には庭木もあったという。そこを夏汀《かてい》堂と名づけ、文筆活動の拠点としたのだった。この年以降、徳太郎は中央の雑誌に盛んに寄稿する。現在、復刻版のある『南蛮長崎草』が出たのは大正十五年十二月、『長崎乃美術史』が出たのは昭和二年（一九二七）の十一月であった。文筆活動のほかに、ラジオ放送などの出演もあり、今日のタレントのような活躍であった。

昭和七年（一九三二）の『文芸年鑑』「執筆目録」には、徳太郎の二十六篇の発表作品名が載っている。昭和八年（一九三三）、文芸家協会評議員に選ばれ、『文芸年鑑』「執筆目録」には三十三篇の作品名があがっている。このころが永見徳太郎の文筆家としての絶頂期であったのだろうか。昭和九年（一九三四）は、徳太郎四十五歳の年であった。急激に発表作品が減少する。健康的な問題があったのだろうか。しかし一方、このころ、舞台写真家としての活躍も見逃せない。歌舞伎上演中の撮影を唯一許可される存在だった。

昭和十五年（一九四〇）、西荻窪の家を売却し、神奈川県の吉浜海岸（現在の湯河原町吉浜地区）の借家に転居する。時代は戦時体制へと変わっていき、食料事情が悪くなったからだという話もある。昭和十九年（一九四四）四月、熱海市西山の磯八荘に転住。磯八荘は温泉付きの古くからの旅館だった。昭和二十年（一九四五）八月十五日、終戦。徳太郎の戦後は売り食いの生活だった。晩年は、熱海市上多賀の家へ移住。昭和二十五年（一九五〇）十一月、失踪して家には帰らなかった。入水自殺をしたと推測されている。

長年の年上の友人だった林源吉は、『長崎談叢』第三十八輯(昭和三十三年四月発行)に、「夏汀追憶三題」と題した文章を発表している。その中で、夏汀(徳太郎)晩年の述懐の短歌二首を紹介している。

「いささかの長崎の文化植え置けりふるさとの弥栄祈りつつわれは」

「死の後も残さむかなやふるさとのたとき文化の古を今を」

いかにも、長崎文化の伝道者・永見徳太郎らしい述懐の短歌である。

もくじ

第一章

長崎の豪商永見家

第1節　銅座の永見家

十八銀行創立に名をつらねる先祖

大正十五年（一九二六）十二月、東京春陽堂から刊行された永見徳太郎著『南蛮長崎草』に序文を書いたのは新村出《しんむらいづる》（一八七六〜一九六七）であった。新村は当時京都帝国大学教授、長崎市史編纂の顧問を務めていた。『南蛮記』『南蛮広記』などの著書があり、言語学者としても高名であった。

新村の序文の中に次のような一節がある。

《永見君は、出島屋敷の御用商人、長崎会所の商人として歴とした家柄に生れて銅座の地に住んでをられた。君が久しく西辺にあつて文芸絵画の才を以て既に儕輩の間にきこえてゐたことは、わたくしの今さらいふまでもない所であらう。今やこの才人東遷し来つて故国の情趣をたゞよはせた一篇を著して世に示さんとする由を聞いては、わたくしは同好の雅人と共に一言よろこびの辞なきを得ない》

永見徳太郎は大正十五年三月、長崎から東京に移住して活発な著述活動を展開するが、新村の序文は永見の気持ちをよく理解した文章であろう。

武野要子は、『長崎県史』（対外交渉編）の『幕藩制度後期の長崎と長崎商人』（昭和六十一年一月発行）のなかで、永見家の経営の概略を述べている。さらに、平成元年（一九八九）十二月発行の『福岡大学商学論叢』のなかで、「長崎商人・永見家の一研究」と題する論考を発表している。そのなかでの「一、永見家の系図」は大谷利彦の著書を踏襲している（この系図については、本書21頁参照）。「二、上海貿易と永見徳太郎」は、文久二年（一八六二）徳川幕府が官有商船・千歳丸を仕立てて上海へ渡航せしめたことで、これに関しては古賀十二郎の論考がある。この上海渡航で重要な役目を果たしたのが、本商人・永見徳太郎であると述べている。

この徳太郎はいわゆる四代徳太郎至誠ということになるが、文久二年、徳太郎は本家筋ではあってもまだ十三歳の少年なので、実際は三十三歳の叔父・永見伝三郎が働いたと考えられる。「三、第十八国立銀行と永見伝三郎」の章では、明治五年（一八七二）十一月、為替・貸付業を営む永見松田商会が設立され、これが明治十年（一八七七）五月の十八銀行の創立へつながることが述べられている。初代の頭取が永見伝三郎であり、創立のメンバーには永見家の人々が名を連ねている。永見一族が幕府時代から貿易や貸付の業務をおこなっていた実績があったからであろう。

唐船方役職株を買いとる

「四、慶應義塾大学所蔵永見文書の分析」が、この武野論文の本題である。この永見家文書は点数で千五百点あまり、その内訳は借用証文、為替証文、手形など金融関係文書が八九八点で全体のほぼ六割を占めるとのこと。

平成三年（一九九一）三月、『中央史学』第十四号に発表された小山幸伸の論文「幕末期長崎商人間の株移動―長崎商人永見家の株移動を中心に」は、永見家が文政年間から金貸し業をおこなっていた資料を提示していて興味深い。昭和五十年（一九七五）十二月発行の『長崎県立国際経済大学論集』第九巻第二号に掲載された三浦忍の論文「幕末・維新期長崎における対馬藩大名貸」は永見家が大名貸しをおこなっていたことの一端が示されている。

武野論文の「四、慶應義塾大学所蔵永見文書の分析」の第一史料は、永見清次郎が、天保五年（一八三四）に荒木吉兵衛から唐人屋敷日行使役を銀壱貫目で永代ゆずりうけたことを示す史料である。清次郎は伝三郎の叔父にあたる人物である。このように役職株も金銭で売買されていたわけである。第二、第三、第四は、いずれも天保年間のもので、唐船方役職の株を買い求めて、永見家が唐人貿易を有利に進めようにしていることがわかる。第五史料は「買上手形之事」。天保十三年五月、永見伝三郎の父・福十郎が、吉川文右衛門なる者と一緒に、刻昆布を俵物役所に売りさばいている記録である。第六史料は「取替申一札之事」。弘化二年（一八四五）唐人屋敷への商品売込株式の貸借の記録である。第七、第八史料は弘化五年、薩摩産の薬種の唐方への売買の件を薩摩藩長崎蔵屋敷の御用商人・服部家と取り交わした文書である。第九資料は嘉永四年（一八五一）、五十両で唐人屋敷売込和薬種株式を大村藩から買い取った記録である。第十、第十一、第十二史料は和人参《にんじん》と白蠟《はくろう》の売込（輸出）の安政六年（一八五九）の文書である。第十三史料は肥後家高瀬米の売買をおこなったことを示す文久元年（一八六一）の史料で、永見家の当事者は伝三郎である。第十四史料は頼母子講関係の安政二年（一八五五）の文書である。「幕末になって、頼母子講への参加を示す史料が量的に目立って多くなる」「ここに、近代的銀行への足がかりを認めてよいのではなかろうか」と武野は述べている。第十五、第十六は安政七年（一八六〇）の史料で、伝三郎が大浦に土地を持っていて、そこを埋め立て外国人居留地として貸し出すことを示す記録である。以上、武野論文は幕末期の永見家が役職株を買ったこと、貿易や金融に従事していたこと、土地所有者であったことなどを例示している。

長崎の「豪商」にふさわしい存在

小山幸伸の論文に表Ⅲとして示される「大名貸し」の項目によると、天保十四年（一八四三）の柳川藩、弘化三年（一八四六）の大村藩、嘉永四年（一八五一）の対馬藩などの事例が見られるが、以後、対馬藩の事例が傑出している。これは「唐人屋敷和薬種売込株式」を獲得したことが影響しているのであろう。

以上の研究者の報告から言えることは、永見家は、株式獲得と金融との相乗効果によって成長してきた新興商人だったわけで、幕末期から明治にかけての長崎の豪商と言われることになったわけである。

過去帳にみる六代目徳太郎が「夏汀」

大谷利彦は著書『長崎南蛮余情（永見徳太郎の生涯）』（長崎文献社、一九八八年正編、一九九〇年続編）において、「永見家系図」（正編23頁、続編87頁）を提示している。それには、大阪永見の孫の世代となる永見克也の著述（「永見家〈永見徳太郎ら〉と五代友厚」昭和五十三年二月、『船場紀要』第七号所載）などが参考にされていると思われる。本書では、大谷利彦の著作「続編」87頁に掲載されている「永見家系図」を参考に叙述を進めていきたいと考えるので、それをそのまま以下に転載する。

大谷著「正編」21頁に県立長崎図書館蔵の「本家・永見過去帳及び墓所控」（大谷略称によると「過去帳控」）が紹介されており、それに基づいて大谷は叙述している。この資料は昭和二年（一九二七）、六代永見徳太郎（良一）が作成し、昭和五年に書き足したということである。「過去帳控」は、長崎図書館にあると、大谷は述べているが、県立長崎図書館およびその史料蔵書が移管されている長崎歴史文化博物館に尋ねても見当たらない。やむを得ず大谷著の「過去帳控」を参照するしかない。

永見家系図の中に「徳太郎」は何人か出てくる。芥川龍之介や菊池寛と交際があった雅号・夏汀こと、永見徳太郎が本書の主人公なのだが、彼自身は「過去帳控」の中では、自分を六代徳太郎と記している。二十二歳で死去した兄の竹二郎が五代、明治三十二年死去の父・徳太郎至誠は四代。では、初代徳太郎は誰なのか。大谷もその著書で迷っているようである（正編22頁参照）。安政五年（一八五八）没の徳太郎満雅を三

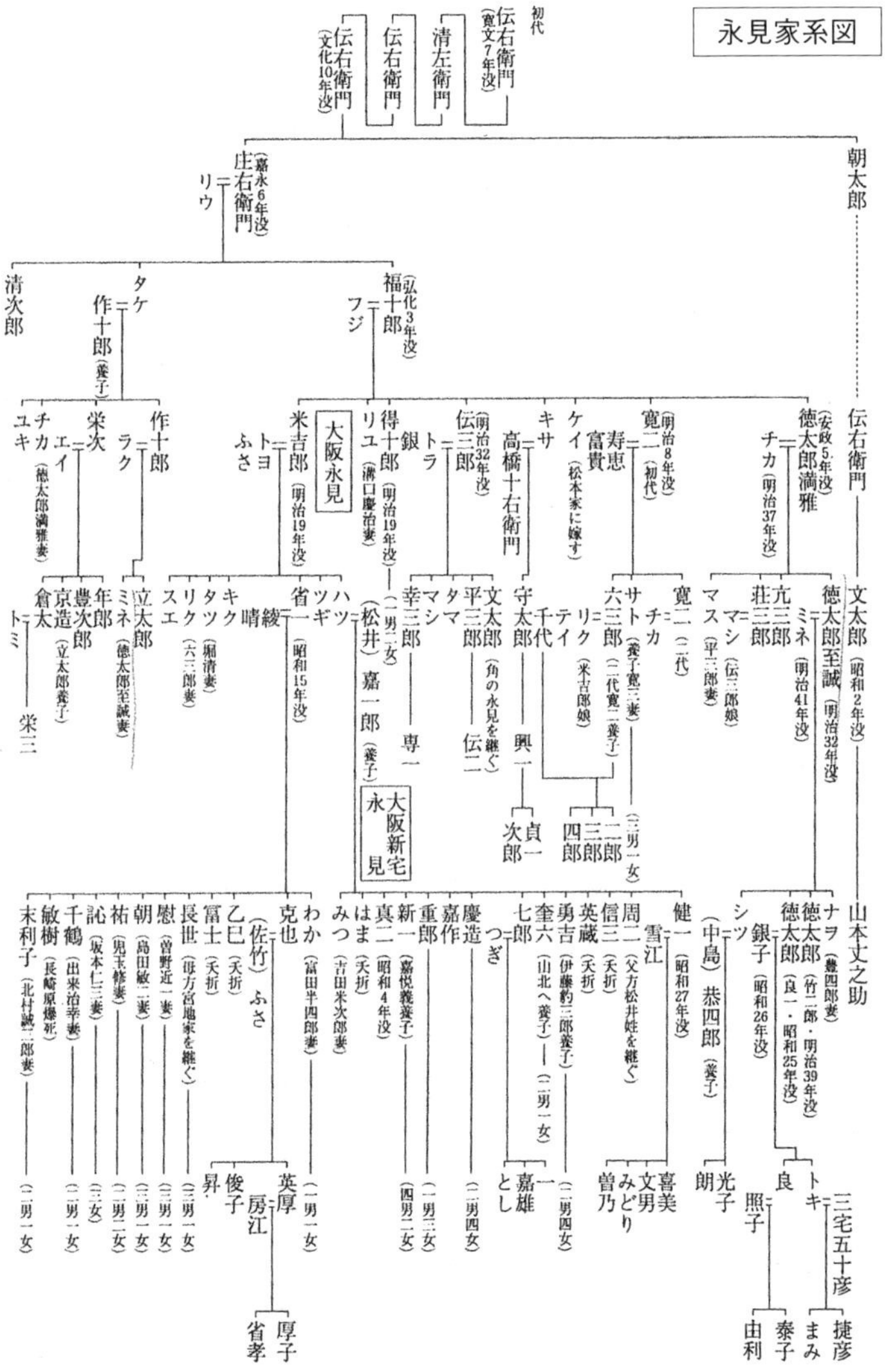
永見家系図
初代
伝右衛門（寛文7年没）
清左衛門
伝右衛門
伝右衛門（文化10年没）
朝太郎
庄右衛門（嘉永6年没）＝リウ
福十郎（弘化3年没）＝フジ
タケ＝作十郎（養子）
清次郎
伝右衛門
徳太郎満雅（安政5年没）＝チカ（明治37年没）
寛二（明治8年没）（初代）
寿恵
富貴
ケイ（松本家に嫁す）
キサ＝高橋十右衛門
伝三郎（明治32年没）＝トラ
銀
得十郎（明治19年没）＝リユ（溝口慶治妻）
大阪永見
米吉郎（明治19年没）＝トヨ
ふさ
作十郎＝ラク
栄次＝エイ
チカ（徳太郎満雅妻）
ユキ
文太郎（昭和2年没）
徳太郎至誠（明治32年没）＝ミネ（明治41年没）
六三郎
荘三郎＝マシ（伝三郎娘）
マス（平三郎妻）
寛二（二代）＝チカ
サト（養子寛二妻）
六三郎（二代寛二養子）＝リク（米吉郎娘）
テイ
千代
守太郎
文太郎（角の永見を継ぐ）
平三郎
タマ
マシ
幸三郎
（一男二女）
（松井）嘉一郎（養子）
大阪新宅永見
ハツ
ツギ
省一（昭和15年没）＝綾
晴
キク
タツ（堀清妻）
リク（六三郎妻）
スエ
立太郎＝ミネ（徳太郎至誠妻）
年郎
豊次郎
京造（立太郎養子）
倉太＝トミ
栄三
伝二
専一
興一
貞一
次郎
二郎
三郎
四郎
（三男一女）
山本丈之助
ナヲ（豊四郎妻）
徳太郎（竹二郎・明治39年没）
徳太郎（良一・昭和25年没）＝銀子（昭和26年没）
シヅ
（中島）恭四郎（養子）
健一（昭和27年没）＝雪江
周二（父方松井姓を継ぐ）
信三（夭折）
英蔵（夭折）
勇吉（伊藤豹三郎養子）
奎六（山北へ養子）（二男一女）
七郎＝つぎ
慶造
嘉作
重郎
新一（嘉悦義養子）
真二（昭和4年没）
はま（夭折）
みつ（吉田米次郎妻）
わか（富田半四郎妻）
克也
（佐竹）ふさ
乙巳（夭折）
冨士（夭折）
長世（母方宮地家を継ぐ）
慰（曽野近一妻）
朝（島田敏二妻）
祐（児玉修妻）
訟（坂本仁三妻）
千鶴（出来治幸妻）
敏樹（長崎原爆死）
末利子（北村誠二郎妻）
三宅五十彦＝トキ
良
照子
光子
朗
喜美
文男
みどり
曽乃
一
嘉雄
とし
（二男四女）
（一男四女）
（一男三女）
（四男二女）
（一男一女）
英厚
房江
俊子
昇
（三男一女）
（二男一女）
（三男二女）
（二女）
（二男一女）
（二男一女）
捷彦
まみ
泰子
由利
厚子
省孝

代目とすると、弘化三年没の福十郎が二代目か初代になるのであろうか。『南蛮長崎草』所収「長崎会所」の章に享和三年（一八〇三）の文書が紹介され、そこには「永見屋福十郎、改徳太郎」の記述があるので、福十郎が初代か、二代であろう。しかし、永見克也著の記述では、福十郎の長男・徳太郎満雅を初代としている。ともあれ、徳太郎は、銅座永見家の本家が襲名する名であったことは確かであろう。

永見家系図に出てくる最初の永見は、寛文七年（一六六七）没の伝右衛門で、菩提寺は本蓮寺。その後、伝右衛門が何代か続いて、文化十年（一八一三）死去した永見伝右衛門の代になって、桶屋町より銅座跡へ分家し、菩提寺も長照寺に変更となっている。江戸幕府時代、銅座は長崎八十町の中には含まれておらず、鋳銅所の跡であったので、銅座跡と呼ばれていた。銅座町になったのは明治初年（一八六八）である。

父は両替商として銅座町に

弘化三年（一八四六）三月三十日に五十三歳で没した福十郎には、五人の息子がいた。長男が徳太郎（満雅）、次男が寛二（初代）、三男が伝三郎、四男が得十郎、五男が米吉郎である。長男・徳太郎満雅は安政五年（一八五八）に没して、そのとき、嗣子・

徳太郎至誠は九歳の少年であった。以後、しばらくは、本家銅座永見家の業務は叔父の伝三郎が後見したと思われる。

いわゆる六代徳太郎（夏汀）の父・徳太郎至誠は、叔父・伝三郎の後援を受け、貿易商を家業としていたことは、明治十年（一八七七）十二月、第十八銀行の開業のときの株主名簿の職業欄よりわかる。初代頭取であった永見伝三郎は四十七歳、徳太郎至誠は二十七歳である。徳太郎至誠は叔父・得十郎がこの取締役を退くと、その後任に選任され、病気のため一時期退任したが、明治三十年（一八九七）までその地位にあった。明治二十二年（一八八九）四月発行の『商業税人名簿』には両替商銅座町永見徳太郎の名が見られる。

五代徳太郎を継いだのは、四代徳太郎の息子の竹二郎だった。しかし、この五代徳太郎竹二郎は明治三十九年（一九〇六）一月十一日二十二歳で病没している。六代目を継いだのが竹二郎の弟の徳太郎良一だった。良一は十七歳の少年だった。

六代徳太郎良一の生涯の叙述に入る前に、永見一族のことについて述べてみたい。

第2節　永見一族の活躍

幕末には薩摩藩の御用商人に

永見一族は江戸後期から幕末期に台頭してきた新興商人だった。とくに弘化三年（一八四六）に五十三歳で病没した永見福十郎の五人の息子たちは幕末から明治初期にかけて、それぞれ経済人として活躍した。長男・徳太郎満雅は銅座永見家の本家の当主であったが、安政五年（一八五八）死去する。その後を継いだ徳太郎至誠はまだ九歳の少年だったので、叔父にあたる寛二（福十郎次男）や伝三郎（福十郎三男）が後見して永見家の貿易や金融の商業活動をおこなってきた。次男・寛二（初代）は、天満屋寛二と称し、東浜町に住んでいたので、銅座町在住の永見伝三郎が実質、銅座永見家を運営していた。

永見伝三郎については、十八銀行史『九十年の歩み』（昭和四十三年刊）に「初代頭取永見伝三郎」として評伝（45〜57頁）が記載されている。それによると、伝三郎は天保元年（一八三〇）生まれで、本家に対して新宅永見の主人であった。永見家が幕末期、薩摩藩の御用商人であったことから薩摩藩と関係が深く、とくに五代友厚とは懇意であった。薩摩藩の御用達は服部家が知られているが、武野論文の第七、第八史料に見られるように、薩州用達・服部栄五郎を介して薩摩藩との交渉を示した弘化五年（一八四八）文書も存在するので、薩摩藩の御用商人の立場にあったとみなされる。

文久二年（一八六二）、幕府が千歳丸で上海渡航貿易をおこなったとき、五代友厚がこの船に乗り込むことができたのは、永見伝三郎のはからいであった。文久三年（一八六三）、薩英戦争で五代が英船の捕虜となり、横浜で脱走して長崎に逃げて来たときも伝三郎にかくまわれている。

大阪永見商会は五代友厚ともかかわる

永見伝三郎は明治五年（一八七二）、合資会社永見松田商社を開業し、これはのち、立誠会社と改称し、明治十年、第十八国立銀行に発展する。伝三郎は初代頭取となり、役員や株主などには、永見一族の徳太郎、得十郎（福十郎四男）、米吉郎、寛三（初代寛二養子）、荘次郎（徳太郎至誠の弟）などが名を連ねている。

福十郎の五男・永見米吉郎は天保十年（一八三九）十一月、長崎銅座跡に生まれる。

慶応二年（一八六六）、大阪大川町に土地を求めて永見商店を設け、満韓支那貿易を始めた。これが米吉郎―省一―克也と続く大阪永見一族となるのである。大阪永見商店は、長崎の本家筋と連絡をとり、金融業もおこなった。五代友厚の弘成館の発足やその運営にも携わった。米吉郎は明治十九年（一八八六）六月病没。四十七歳であった。明治二十七年（一八九四）に永見商店は十八銀行大阪支店となる。高橋守太郎が初代支配人になった。高橋守太郎の母は永見伝三郎の姉サキであった。米吉郎の嗣子・省一は大正十五年から昭和十五年まで十八銀行の監査役を務めた。

ここで、長崎、大阪、および永見家と関係の深い五代友厚について述べておきたい。天保六年十二月二十六日（西暦では一八三六年二月十二日）、鹿児島城下で生まれた薩摩藩士である。安政三年（一八五六）、二十歳のとき、長崎海軍伝習所に派遣されて以来、長崎との関わりができる。慶応二年（一八六六）、長崎のトーマス・グラバーと合弁で小菅ドッグを開設する。明治元年（一八六八）、大阪税関長となり、大阪と関わることになる。明治十一年（一八七八）、大阪商法会議所の初代会頭となり、大阪財界のリーダーとなる。

五代友厚は長崎では、永見伝三郎の協力を得たが、大阪では永見米吉郎の協力を得て、明治六年（一八七三）弘成館（全国の鉱山管理事務所）を開設させた。伝三郎や米吉郎の甥に当たる永見寛二（二代）も若いとき、大阪に出て五代の弘成館で修業している。二代永見寛二は明治二十年（一八八七）十八銀行取締役、明治三十七年（一九〇四）と四十五年（一九一二）の二回、衆議院議員に当選、明治三十八年（一九〇五）長崎商業会議所会頭となり、大正五年（一九一六）から大正十一年（一九二二）まで十八銀行頭取を務めた人物で、この時期の永見一族の中心的人物であった。大正十一年（一九二二）四月十六日、死去。死亡の前年、炉粕町《ろかすまち》に宏壮な邸宅を建てた。これが旧諏訪荘である。

五代友厚の娘を永見家が預かる

真木洋三著『五代友厚』（文藝春秋、一九八六年）には、「長崎には、東浜町の徳永広子とのあいだに治子が生れており、治子の成長が楽しみで、その養育費を長崎の豪商の永見伝三郎に度々預けた」という一節がある。

長崎歴史文化博物館収蔵の「渡辺庫輔蒐集古写真」の中に「永見家族写真　明治廿壱年六月廿三日写之清河武安写真館」と題された興味深い写真がある。中央に写って

永見家家族写真　「渡辺庫輔蒐集古写真」より（長崎歴史文化博物館蔵）

いる洋装の人物は当時五十九歳の永見伝三郎であろう。三人の少年と一人の少女は伝三郎の孫たちであろうか。二人の成人男女は誰か。この中に、五代の娘はいないのかと思われてくる。伝三郎の長男・文太郎は長男でありながら角の永見を継いでいて子供はいなかった。系図によると永見伝三郎には、文太郎のほかに息子・平三郎と幸三郎がいてその子供もいたが、家族写真に写っている人物は誰であろうか。

伝三郎の長男・文太郎は、角の永見の家に養子に入り、その家を継いだ。養母ツルは『東洋日の出新聞』大正三年（一九一四）四月三日付の思案橋開通式の記事にその名が出てくる。それによると、平石儀十郎氏叔母トヨ子刀自とともに、渡り初めをおこなった人として、「本籠籠町住永見文太郎氏実母鶴子刀自（九十四歳）」と書かれている。実母と書かれているが、実際は養母である。ツルの夫は伝右衛門と称していたことからすると、この「角の永見」の家こそが元々の永見家本家だったのかもしれない。

永見文太郎は明治中期から貿易商として活躍し、明治二十二年（一八八九）第一回市会議員選挙に当選し、議員を一期つとめている。妻ハルは叔父の永見得十郎の娘であったが、子供はいなかった。養母ツルの実家が山本家であったので、山本家の遺児・山本丈之助（明治三十七年生まれ）を実子のようにして育てた。山本丈之助は大正十二年（一九二三）、市立長崎商業を卒業して、十八銀行に入社する。山本丈之助はバイオリン演奏の音楽活動でも知られていた。父親代わりの永見文太郎は、茶道、花道に通じた風流人であったが、角の永見と山本家との財産を花柳界などでほとんど蕩尽《とうじん》したと言われている。昭和二年（一九二七）一月、七十六歳で他界。その妻ハルは昭和十二年（一九三七）、七十歳で死去。夫妻を最後まで世話したのは山本丈之助であった。

永見家系にはこのほか、大阪永見の系統に属する永見七郎や永見健一の名前が挙げられる。永見七郎は武者小路実篤の新しき村に関係する詩人で、永見徳太郎良一との交流もあった。七郎の長兄・永見健一は東京帝大農学部卒の農学博士で、九州帝大農学部助教授の時代に、宮田安（長崎在住の黄檗研究家）はその園芸学の講義を聴講したそうである。宮田安の談によると、永見健一は、書生風の覇気を帯びた、個性ゆたかな存在だったとのこと。

以上のように、永見一族は長崎や大阪に豊富な人脈を築いている。この人脈を背景にして、本書の主人公・永見徳太郎良一が登場するのである。

第二章

本家・永見徳太郎

第1節　永見良一の出生

良一は正妻の子でない四男

永見良一は明治二十三年（一八九〇）八月五日、徳太郎至誠の四男として出生する。生母は松本ムラであり、正妻の子ではなく妾腹の子であった。徳太郎至誠には五男七女があったが、成人したのは、長女ナヲ、次男・竹二郎、四男・良一、四女シズの四人だった。明治三十二年（一八九九）四月十四日、四代徳太郎の至誠が四十九歳で死去する。次男・竹二郎が五代徳太郎を襲名する。しかし、この五代徳太郎も明治三十九年（一九〇六）一月十一日、二十二歳の若さで死去し、十七歳の良一が六代目徳太郎を襲名するわけだが、その前に、良一の生母・松本ムラについて述べておきたい。

松本ムラは文久三年（一八六三）、本石灰町の松本昌作の長女として生まれ、恵美須町の武林定次郎に嫁いだが、明治十六年（一八八三）、二十一歳のときに、離婚、復籍している。その後、四代徳太郎の妾となり、明治二十三年、二十八歳のとき、良一を生んだわけだが、ムラが実際に良一を育てた形跡はない。良一の五歳年下の妹シズの生母もムラだったと伝わっている。明治三十二年、四代徳太郎が死去したとき、良一は九歳、シズ四歳となるわけだが、二人は銅座町の母ミネのもとで育てられた。ミネは明治四十一年（一九〇八）、五十四歳で死去している。このとき、六代目徳太郎良一は十九歳、シズは十四歳である。

実母ムラの消息は晩年まで気にかけた

徳太郎良一の実母・松本ムラは長崎市の八坂町で暮らしていたが、やがて長崎を離れ、昭和五年（一九三〇）四月二十七日、大牟田市の山田家で死去している。六十八歳だった。徳太郎はこの実母のことは著述の中で記したことはないが、ムラの実家・松本家とは交渉があった。例えば、松本ムラの末弟・三浦寛次は三浦家に養子に入り、京都帝大福岡医科大学を卒業して、長崎市興善町に小児科医院を開業しているが、大正七年（一九一八）、竹久夢二が永見邸を訪れたとき、夢二の子供の治療をした医師の伯父（正確には叔父）と徳太郎が述べているように（随筆「長崎に来た夢二サン」の記述）、叔父と甥の親戚付き合いをしていたことは明らかである。松本ムラの末妹ノブの孫の藤田泰蔵は長崎高商出身で徳太郎の息子・良とは同年で良との交流があったことも、徳太郎が実母ムラの一族と交渉があったことの証であろう。

自筆の「過去帳控」に、実母ムラの法名と死亡年月日と時刻まで記していることも、徳太郎が実母ムラの消息を晩年まで把握して気にかけていた証であろう。徳太郎の娘・三宅トキの次のような談話がある。「私の小さいころの記憶では、長照寺のほかにもう一軒のお寺に、父が日をきめたように人力車で出かけるんですよ。あるいはそれが、ムラさんの実家の関係だったかもしれません」（大谷著続編447頁）。これは松本ムラ生前の話ではあるが、晧台寺後山の松本家墓地に先祖供養の墓参りを徳太郎がしていたことなのかもしれない。

第2節　高等勝山小学校から私立海星商業学校へ

私立海星学園の卒業生？

私は昭和五十五年（一九八〇）から平成二十一年（二〇〇九）までの二十九年間、私立海星学園に教員として勤務した。その間、校友会誌『海星』の編集を担当し、創立百周年記念誌『海星』（一九九二年発行）の編集委員となり、創立百十周年（二〇〇二年）のときは、「海星　百十年のあゆみ」と題するパンフレットを作製した。長崎県出身でも海星卒でもない私であったが、お陰様で海星学園の沿革や周辺の事情（長崎近現代史）にいくらか詳しくなった。

大正十一年（一九二二）三月、旧制海星中学校第七回卒の橋本国広は、長く母校の国語科教諭として働いてきた。昭和五十三年（一九七八）一月海星学園発行の『海星八十五年』は橋本の編集である。橋本は海星同窓生（卒業生）の動向に詳しく、各年度の卒業生の在学中あるいは卒業後の出来事など、恩師の思い出などとともに興味深く叙述している。

『海星八十五年』97頁は大正三年（一九一四）の出来事の叙述である。その三月二十五日の条には、次の記述が見られる。

《商業学校第十回の卒業式。卒業生十五名。上級学校への進学者は一人もなかった。学年の途中で他の中学校へ転向してしまったのである。／後年、長崎の文学者として菊池寛や芥川龍之介たちと親交のあった浜の町の素封家、永見徳太郎は、その中の一人であった》

「浜の町」は正確でなく、「銅座町の素封家」が正しいが、ともかく、「永見徳太郎」の名前が出てくるのである。

海星学園の藤沢休教諭（日本史）は、学園通信『海星』（新聞）を昭和五十五年（一九八〇）七月十六日（第一号）から発行していた。その第七号（昭和五十七年十月三十日発行）より橋本は「東山手の巨星たち」（海星から巣立った人物群像）を連載した。その連載3には、「長崎を代表する文化人」の見出しで永見徳太郎のことが記述されている。その記述の全文は次のとおりである。

《永見徳太郎は大正三年第十回卒業のはずでした。長崎の素封家で屋敷は銅座町にありました。大正の終わりごろブラジル国の代理領事を勤め、その屋敷の屋上にある緑色の国旗がヘンポンと翻っていたものです。芥川龍之介や菊池寛や竹久夢二たちと親交があり、そんな文壇画壇の有名人たちを長崎に招待したりしています。日本の代表的な古典『源氏物語』を脚本化して東京の歌舞伎座で上演したりしました。長崎の典型的な『文化人』だったのです》

このなかの「大正三年第十回卒業のはずでした」は微妙な言い方である。

私は海星学園同窓会名簿を四種類所持している。一九六二年版と一九七一年版と一九九二年版と二〇〇二年版である。四種類の名簿とも、大正三年の項に記載されている人名は永見徳太郎を含めて二十名である。

海星学園は明治二十五年（一八九二）、フランス人のカトリック・マリア会宣教師によって始められた。最初は浪ノ平の地に、それから外浦町に、現在の東山手町に移転したのは明治二十八年（一八九五）になってだった。当初は海星学校と称し、小学部もあり、外国人居留地の外国人子弟も学んでいた。明治三十六年（一九〇三）、予科二年、本科四年の甲種商業学校として認可された。当時、長崎は九州第一の繁栄を誇る貿易都市・商業都市であった。このことが海星を商業学校に改組するための理由ともなった。しかし、商業学校の時代は長くは続かなかった。明治四十四年（一九一一）三月海星中学校が認可され、四月一日、中学校の入学式がおこなわれた。新入生三十名だった。その間、商業学校も併存されたが、大正四年（一九一五）三月、海星商業学校第十一回（最終回）卒業式がおこなわれ、海星商業学校は終了した。

永見徳太郎が同窓会名簿の商業学校の大正三年卒業生のころに載せられているのは、どういう事由からであろうか。年齢的には少し遅すぎる感もするのである。しかし、ともかく、海星学園には永見徳太郎が同窓生であったという伝承があったのである。

大谷利彦は、永見徳太郎の学歴の問題には苦慮しているようだ。大谷著（正編71～72頁）で、徳太郎の学歴を明治三十年四月、長崎尋常小学校入学、三十四年三月同校（勝山尋常小学校と改称）卒業、四月勝山高等小学校に進学としている。そこまでは正しいが、「そのあと市立長崎商業学校に入学することになるが」は疑わしい。

海星の学籍簿たしかに永見徳太郎の名前が

平成九年（一九九七）のある日、私は資料室の書架を調べていて、一冊の本を見つけた。それは、海星の同窓会々報『窓の星』『海の星』の創刊号（大正十三年九月）から第三十五号（昭和十五年十二月）までが合冊された本であった。私はそれを興味深く読んだ。そうすると、この会報には永見徳太郎の記事がしばしば出てくるのである。私がメモした限りでは、計十二回に及ぶ。そのうち、二回は寄稿文である。永見徳太郎はまさしく海星の同窓生だったのである。

さらに、決定的な証拠は、永見徳太郎の海星商業学校在籍当時の学籍簿の発見だった。それは平成十三年（二〇〇一）五月下旬のことだった。もしや、海星学園の事務

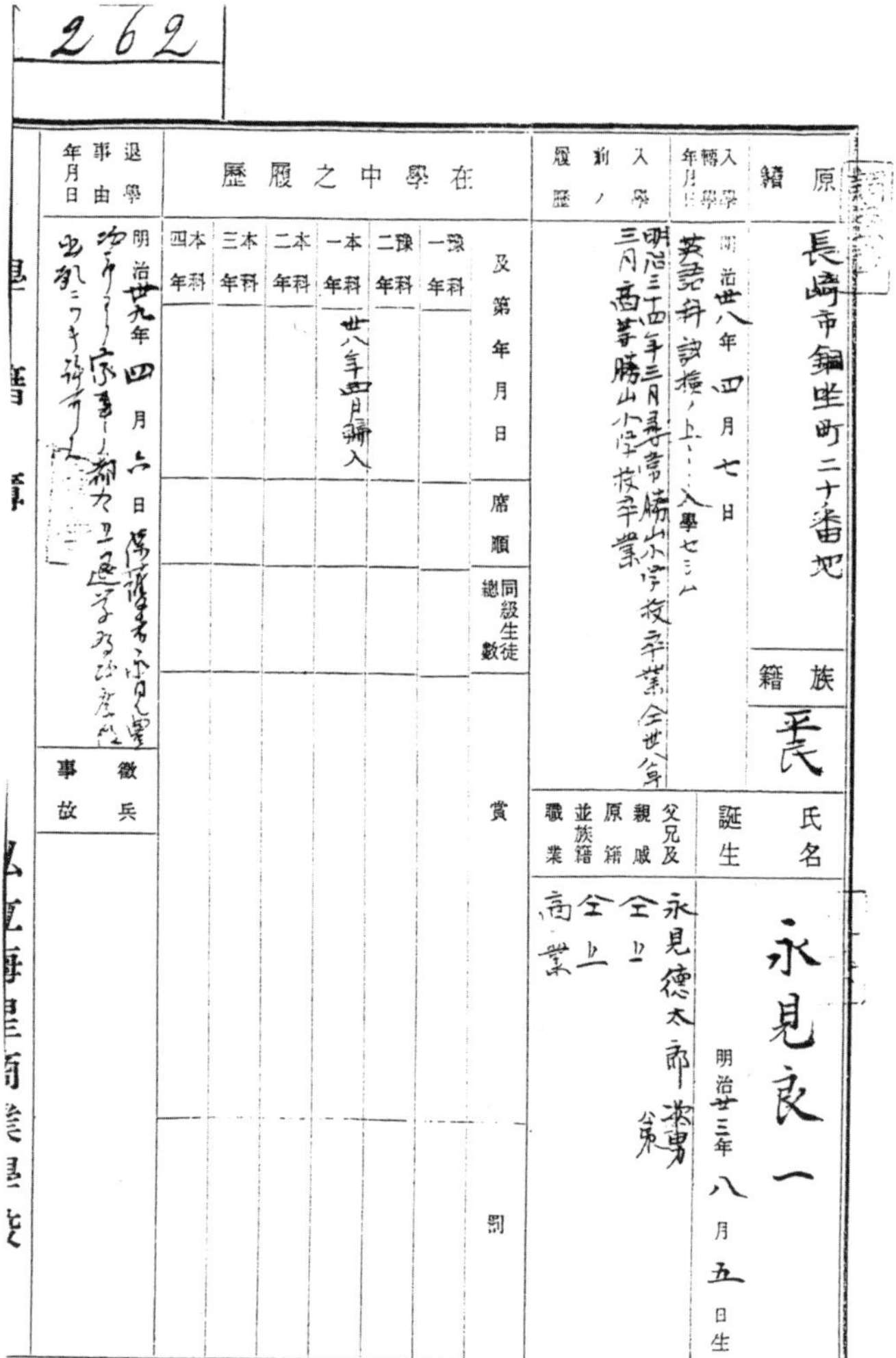

262

原籍 長崎市鍛冶町二十番地

族籍 平民

入學轉學年月日 明治卅八年四月七日

入學前ノ履歴 英語科試験ノ上入學セシム 明治三十四年三月尋常勝山小学校卒業 全卅八年三月高等勝山小学校卒業

氏名 永見良一

誕生 明治廿三年八月五日生

父兄及親戚 永見徳太郎 弟

原籍 仝上

並族籍 仝上

職業 商業

在學中之履歴 一年本科 卅八年四月編入

退學 年月日 事由 明治卅九年四月六日 保護者ヨリ…

徴兵 事故

及第年月日 席順 同級生徒總數 賞 罰

「永見徳太郎良一」の「学籍簿」
（海星学園事務室蔵）

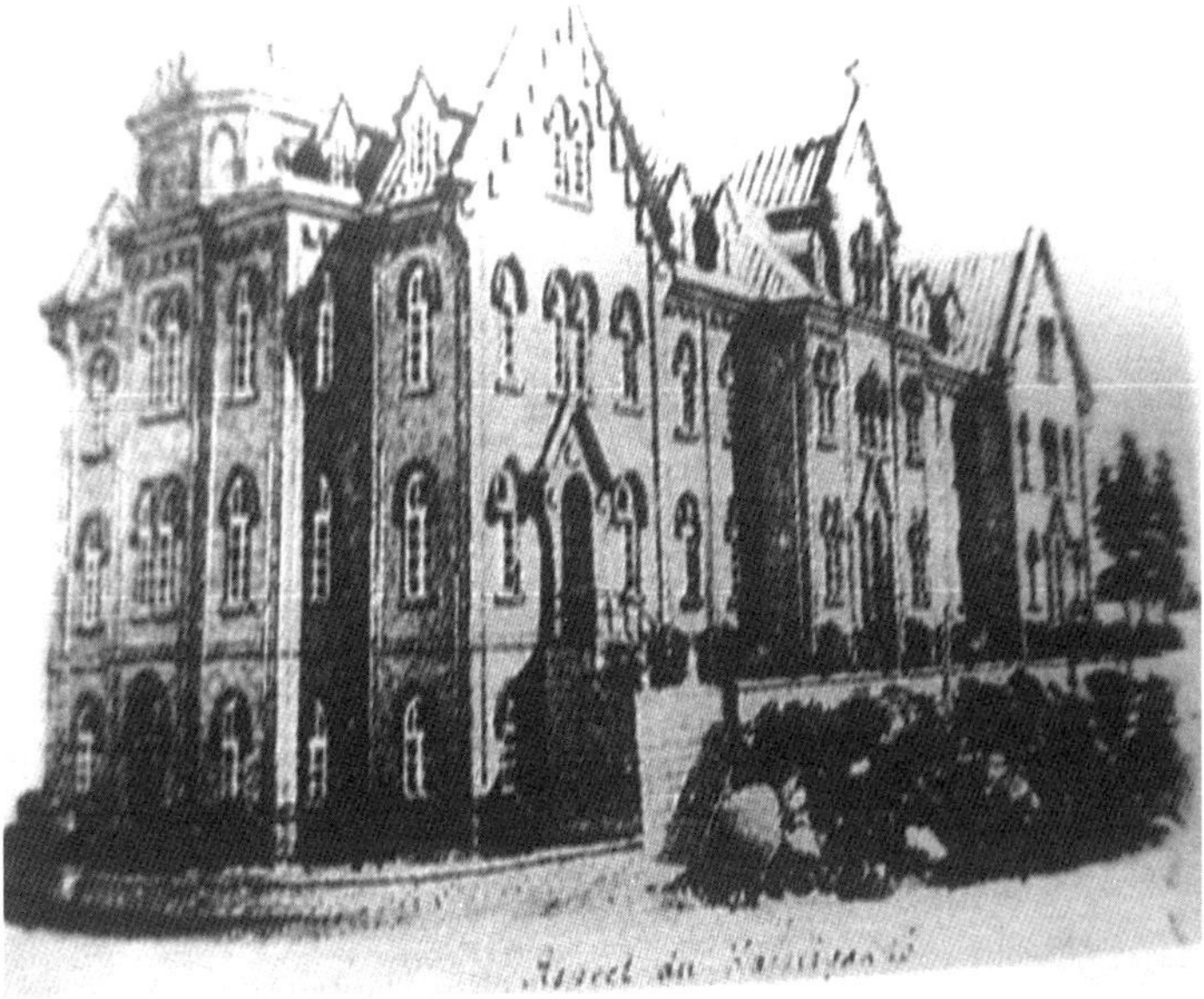

徳太郎が学んだ頃の海星校舎（「海星」アルバムより）

室に永見徳太郎に関する資料はないものかと思い、事務室に尋ねてみた。そうしたら、事務室の倉庫の中から「私立海星商業学校」の学籍簿が出てきたのである。しかも、明治三十九年（一九〇六）四月の中途退学者、永見良一（徳太郎）のものが出てきたのである。よくぞこんなものが海星学園には保存されていたと、私は驚き、感心もした。

その学籍簿によると、「長崎市銅座町二十番地」の「永見良一」は「明治三十四年三月尋常勝山小学校卒業」「同三十八年三月高等勝山小学校卒業」「明治三十八年四月七日英語科試検ノ上…入学セシム」とある。「在学中之履歴」の欄には「本科一年・三十八年四月編入」とあり、「退学事由年月日」の欄に、「明治三十九年四月六日保護者永見豊次郎ヨリ家事ノ都合上退学為致度段出願ニツキ許可ス」とある。

新聞の寄稿で海星時代を明記

明治三十九年（一九〇六）は、徳太郎良一十七歳である。十歳のときに、父の四代徳太郎に死に別れ、明治三十九年一月、兄の五代徳太郎が夭折《ようせつ》したことにともない六代目徳太郎を継いだばかりであったが、まだ、十七歳の商業学校の生徒である。保護者（保證人）の欄には、「長崎市今籠町二十九番地倉庫業・永見豊次郎」と記されている。永見豊次郎は永見一族の出身で良一の姉ナヲの夫で、良一にとっては義兄に当たる人物であった。良一は徳太郎名義を継ぎ、銅座永見の商業に専念するために、学校をやめたのだろうか。

大谷は、「長崎商業学校中退説」をとっているようだ（正編96頁）。その拠り所となっているものの一つは、徳太郎が大正十三年（一九二四）八月十一日付の『長崎日日新聞』

に夏汀の筆名で書いた随筆中の「十七歳の僕商業学校の生徒なりしが、暑中休暇を利用して初めて長途の旅に出づ」という記述にあるようだ。商業学校は商業学校でも、実際は「海星商業学校」だったのである。先の学籍簿の記述からすると、本科一年から二年にかけてのときに中退している。本科は四年あるので、留年などがなければ、明治四十一年三月卒業となるはずであるが、海星同窓会名簿で大正三年の項に入れられているのはどういう事情かわからない。大正四年には海星商業学校の最後の卒業になるので、その前年の項に入れられたのだろうか。

大谷著続編222～223頁に、永見徳太郎の東京移住の年月日の考証があり、芥川龍之介の大正十五年（一九二六）三月十一日付杉本わか宛書簡や斎藤茂吉の大正十五年三月十六日の日記欄外に、「市外滝野川町西ヶ原48八　永見徳太郎」と記されていることから、大谷は徳太郎の東京移住を大正十五年三月上旬頃と推定している。おそらく、大谷の推定は正しいだろう。海星同窓会々報『窓の星』第八号（大正十五年六月十五日発行）の住所移動の欄に、「永見徳太郎（商十）東京府下瀧野川西ヶ原四八九」の文字が記されている。徳太郎は住所変更を同窓会に連絡したのであろう。斎藤茂吉日記欄外の番地と多少ことなるが、（商十）の箇所に注目したい。これは海星商業学校第十回卒を意味するからである。徳太郎自身か周囲かが海星商業学校十回卒と認めていたのだろうか。

永見徳太郎は著名人だったので、一時期にせよ海星に在籍していたのなら同窓生（卒業生）扱いにしたという事情は理解できる。おそらくそうであろう。

『窓の星』第十二号（昭和二年六月十九日）の住所移動の欄には、「永見徳太郎（商十）東京市外高井戸町字中高井戸三八」と記されている。西ヶ原の仮寓から高井戸町に転居したことの報告である。同号「会員動静・消息一束」の欄には、徳太郎の同窓会宛の手紙が掲載されている。それは次のような文面である。

《拝啓、春暖の候となつて参りましたところ貴下益々御清祥の御事と存じます。私儀も妻ぎん子もお蔭さまにて無事、子供もよく勉強して学校に通ひ健全にて過して居ります。御安心下さいます様に願ひ上げます。昨秋『長崎版画集』『続長崎版画集』を発行致しましたる所、予想外の好成績を挙げました事は全く御声援の賜と深く感謝致して居ります。最近ポルトガル国特命全権公使ジョゼ・ダ・コスメ・カルネイロ閣下の御声援を得ました『南蛮屏風』の大画集及び、島津公爵、西郷侯爵、上原元帥、大山公爵、後藤子爵、徳富蘇峰諸氏の御後援の下に「大西郷紀念帖」及び美術院同人山村耕花先生御揮毫の新味ある画を今までになき摺、彫刻等を用ひて、新しき試みとして「山村耕花木版画会」を、五月より一ヶ年継続致すことに計画中で御座いますから、此上乍ら一層の御引立てを願ひ上げます。あまり御無沙汰致し居りますのでお詫び旁、仕事の方の御報告を申上げた様な次第でございます。――御通信のまゝ》

高井戸町の新居を「書肆・夏汀堂」という出版所として『長崎版画集』などを出版したことの報告であるが、「大西郷紀念帖」や「山村耕花木版画会」の計画が述べられている。計画中のものが実現できたかどうか不明であるが、徳太郎は出版業にも意欲を示しているようだ。

東京九段の暁星での歓迎会

『窓の星』第十三号（昭和二年九月五日発行）には、「南蛮屏風」と題した「蘇峰生」の署名の随筆が掲載されている。これは『国民新聞』から転載された徳富蘇峰の「南蛮研究熱は、近頃愈々倍々騰上しつゝある。その熱に最も浮されたる一人に永見夏汀君がある」に始まる文章である。これは徳太郎が昭和二年（一九二七）七月『画集　南蛮屏風』を刊行した折のものである。この文章は、「希くは永見君が、此の機会に、日本南蛮屏風画集を編し一切の南蛮屏風の画を複製出版せばこの方面の研究者に裨益を与ふるや、実に多大であらう。君の此挙を嘉みし更らに、之を勧告す」と結ばれている。昭和五年（一九三〇）七月の徳太郎の『南蛮屏風大成』の刊行は、この勧告を実現したものであろう。

『窓の星』第十四号（昭和二年十二月十日）には、「長崎のちゃんぽん」と題した同窓生・豊島晴利の随筆が載っている。その冒頭の部分を紹介するとこうである。

《先日、シャール・クートレー氏の東京歓迎会が、九段の暁星で催された時久方にくにの中学の同窓が集まつて、いろいろと長崎の話に花が咲いた。／グループの中には、大泉黒石氏や、南蛮趣味の研究家として有名な、永見徳太郎氏等も交つて、ずゐ分盛会であつたが、其の時、偶々長崎の『チャンポン』が、愉快な話題に登つたのであつた》

ここに、永見徳太郎とともに大泉黒石の名前があがっている。大泉黒石は当時有名な小説家であった。父親がロシア人で、破天荒な作風で知られていた。海星出身の説もあるが、海星学園の隣にあった鎮西学院の卒業が定説のようだ。あるいは、一時期、

（3）　星の窓　第十五號

年頭の感想　永見德太郎

長崎の夢を夢見る松の内

長崎を去つて、二年目の正月元日の朝、屠蘇の杯を傾け乍ら、フト私の頭に浮かんだ句が是であつた。

長崎は、自分の故鄕乍ら、實際いゝ土地である、だがそれは現代さいふ意味ばかりではない。現代の長崎……此處に喋々さ述べる必要もあるまい……いゝ故鄕さ言ふこさは、南蠻時代、阿蘭陀時代の事をも指すのである。あの頃の長崎は如何であつたか?。日本近世史を語る時、其處には何れの事件にも、長崎が舞臺であり、且つ背景さなつて居たてはないか、西洋文化の吸收地、發散地ではなかつたか。

私達の祖先は、日本で一番早やく、南蠻人さ親しんだ、阿蘭陀の書物を手にした、支那の美術によりよき影響を受けたではないか。……要するに潑溂たる元氣が、人々ばかりでなく、長崎の山にも、木にも、草にも有つたやうに思はれる。

私は、海星學校にお世話になつた頃の少年時代を思出しては、一人でにプツト噴き出すして笑ふこさもある、所謂アイドル、ボーイの隊長であつた。然しその時代は、無邪氣である、天眞爛漫だつた。アルベ先生、カロー先生ランバク先生、而して校長にも、隨分惡戯の方でおなじみさなつた、太田先生、成瀬先生にもよく叱られた。が、月並の事であるが、日月の玉さかいふものは早やく廻るものさ感心する程、私も不惑の年に近づいて來た、今から脂ののる年頃であらうから、大いに努力しようさ考へて居る、而して、海星の學生時代に勉強をしなかつた事を悔いて居る。が、まだ私には元氣が殘つて居るらしいから、何か人のしない善い事を、或は爲になる樣な學問を殘して置く目的で、働いて置かうさ考へて居る。

私も、東京に住んで生活する事さなつた、昔は花のお江戸さ言つて、呑氣な都であつたかも知れぬが、現代ではマゴ〳〵してるさ、後れた人間になる私は、此檜舞臺の一等俳優になる積りであるから、諸君の御聲援を希望して居る。如何か、諸君が愉快で元氣な笛の音を、吹き送つて下さるさいゝさ思ふ、三百何十里はなれて居ても、諸君の笛ならキツトよく聞ゆるさ思ふ。私の耳に。

遂々、こんな感想になつてしまつた……だが、私は一日さても、長崎を忘れた事はない、長崎の繁榮、長崎人の活躍成功を神かけて祈るものである。

本年は、　聖上陛下の御大典を擧行あそばし奉る目出度い時だ、お互ひに此年を有意義にしなければならない。

私は學校の諸先生、同窓會諸氏の御健康を祈る事さしよう。

（昭和三年正月五日深夜）

海星同窓会々報『窓の星』第15号（海星学園資料室蔵）

海星に在籍していたのかもしれない。海星同窓会名簿の商業学校第八回卒（明治四十五年）に「大泉清」の名前が見られる。黒石の本名と一致しているのである。同窓会々報第三十号（昭和十二年十二月二十五日発行）にも、海星出身者として大泉黒石の名前があがっている。

『窓の星』第十五号（昭和三年三月三十日発行）に、徳太郎は「年頭の感想」と題する随筆を寄稿している。末尾に「昭和三年正月五日深夜」と記されているので、在京二年目の正月の感想文である。その冒頭の部分は次のように書き出されている。

《長崎の夢を夢見る松の内／長崎を去つて、二年目の正月元日の朝、屠蘇の杯を傾け乍《なが》ら、フト私の頭に浮かんだ句が是《これ》であつた。／長崎は、自分の故郷乍ら、実際い丶土地である。だがそれは現代といふ意味ばかりではない。現代の長崎……此處《このころ》に蝶々と述べる必要もあるまい……い丶故郷と言ふことは、南蛮時代、阿蘭陀《おらんだ》時代の事をも指すのである。あの頃の長崎は如何であつたか？日本近世史を語る時、其處には何れの事件にも、長崎が舞台であり、且つ背景となつて居たではないか、西洋文化の吸収地、発散地ではなかつたか》

このあたりの叙述は、徳太郎の長崎文化の紹介者・伝道者としての意気込みが語られていると言えよう。そして叙述は自分の海星の生徒だったころに及ぶ。

《私は、海星学校にお世話になつた頃の少年時代を思出しては、一人でにプツト噴き出して笑ふこともある、所謂アイドル、ボーイの隊長であつた。然しその時代は、無邪気である、天真爛漫だつた。アベル先生、カロー先生、ランバク先生、而して校長にも、随分悪戯の方でおなじみとなつた。太田先生、成瀬先生にもよく叱られた。が、月並の事ではあるが、日月の玉とかいふものは早やく廻るものと感心する程、私も不惑の年に近づいて来た。今からが脂ののる年頃であらうから、大いに努力しようと考へて居る。而して、海星の学生時代に勉強をしなかった事を悔いて居る。まだ私には元気が残って居るらしいから、何か人のしない善い事を、或は為になる様な学問を残して置く目的で、働いて置かうと考へて居る》

フランス人の先生をなつかしむ寄稿文

昭和三年（一九二八）、徳太郎三十九歳である。海星商業編入（入学）のときから二十三年が経過している。海星はフランス人の宣教師によって創立されたので、フランス人の先生方がおられた。徳太郎の文章中に出てくる「アルベ先生」「ランバク先生」は、ミスレル先生（理科担当）とともに、海星に長く勤務され黒服（修道士）三羽烏と言われたアルベール先生（美術担当）とランバック先生（仏語担当）のことである。海星学園は東京の暁星学園と姉妹校だったので、暁星の修道院や箱根の強羅でのフランス人の教員との交際があったものと推測される。

徳太郎が東京へ出てきたのは、長崎での家業が落ちぶれたからでは決してなく、文化活動（文筆家）への転身のためだったと私は理解する。それはこの会報のなかでの文章にも表れている。「何か人のしない善い事を、或は為になる様な学問を残して置く目的で、働いて置こうかと考えて居る」と徳太郎は述べている。その目的とは長崎文化の伝道者としての仕事ではなかったのか。この文章に続いて次のように述べている。

《私も、東京に住んで生活する事となつた。昔は花のお江戸と言つて、呑気な都であつたかも知れぬが、現代ではマゴ〳〵してると、後れた人間になる。私は、此檜舞台の一等俳優になる積りであるから、諸君の御声援を希望して居る。如何か、諸君が愉快で元気な笛の音を、吹き送って下さるとい丶と思ふ。三百何十里はなれて居ても、諸君の笛ならキットよく聞こえると思ふ。私の耳に》

同窓会々報に寄せた文章だが、徳太郎の意気込みがうかがえる。

海星同窓会々報は昭和九年一月二十日発行の二十四号より『海の星』と改名している。『海の星』二十六号（昭和十年八月一日発行）の会員住所移動欄に「永見徳太郎（10商）著述業　東京市杉並区西高井戸二丁目三八」と出ている。高井戸町の住居が変わったわけではなく、住所表示が変わったということであろう。「著述業」と記されていることが目につく。徳太郎は文筆家を意識していたのである。同号に徳太郎は、「舞台写真と私」と題する紙面一頁余の随筆を載せている。その冒頭部分は次の通りである。

第二十六號　海の星　昭和十八年一月一日　(11)

舞臺寫眞と私　永見德太郎

今日は六月の朔、なつかしき故郷では、シヤギリの音が清澄な朝から聽へて居ることでせう。あの長いお諏訪さまの石段は、踊町のヲツチヤマやアンシヤマや、美しい踊子達が、朗らかに昇つたり降つたり、賑はつて居るに違いありません。

長崎を去つて丁度拾年になる私ですが、まだ一度も歸りません。皆サンの御聲援をいたゞいて、モツト勉强したいのです。

昨夜疲れて夜更けに歸りますと編輯部より御書面が届いて居ました。何か寄稿をとのことでしたがやはり月末と月始めには人並に忙しい此頃なんです。今迄、拙稿を發らう／＼と思ひ乍ら、ツヒ御無沙汰して申譯ありません。

今日はシヤギリの音が朝から耳に響いてゐます、三百何十里離れてゐても、長崎ツ兒は氏神樣の日を、忘れることが出來るものですか。

私が學校に御厄介になつたのが早いものですネ、もう三ツの昔が重なりますよ。今歳は日露大戰が三十年に當りますので、帝都では盛んな催し物が御座いました。たしか日本海大勝利の夜だつたと記憶いたします、提灯行列に學校の先生と生徒諸君が參加して、「日本勝つた／＼、ロシヤ負けた、ロシヤが風邪《かぜ》ひいて鼻汁《はな》たれた…」なんて大聲に謠つて蠟燭《ローソク》のついたブラ提灯を振りまはし、大はしやぎにはしやぎました愉快さも、夢の樣な思ひ出です。

イタヅラ小僧だつた私は、隨分先生方へ御迷惑をかけました。又同じクラスの學友へも相すまなかつたと考へて居る譯なのです。

繪の先生であつたアルベール先生からは、大變可愛がつていたゞきました。どの先生からも叱られたのに、是は、私が繪が好きで、アルベール先生の學課だけはおとなしく鉛筆畫をコツ／＼描いてた爲でせう。日本人側の先生では、近視眼でズングリして居られる成瀨先生には相當やられた方なのですが、何となく好きなお方でした。

海星へ入學した頃は盛んに寫眞術を修業して、學校の方はそつちのけ、東京や大阪の展覽會に出品するので忙しかつたのです。

私は學校へ通つたのは一ヶ年になつて居りますが、正味は二百日足らずでせう。所謂モグつてばかり居りまして、此頃では、アノ頃フランス語を眞面目に勉强して置けば良かつたと後悔して居る次第です。

でも此ヤンチヤ者を先生方がお

忘れもなさらず、
援するのは、光榮
譯であります。
そんな風に私の
カビがはへる程古
途で長く中止した
型が流行し、その
認められたからた
れに旅行する時が
は自由に撰べるの
らライカ黨の一人に
只今はコンタックス
です。カメラ界は
方のお中で熱心なカ
もおありでせう。近
と編輯部の御注文で
の方より副職？のカ
申上げお茶をにごす
私は大體、雜誌と
に近い關係があるも
劇の寫眞に興味をも
を今までに寫眞雜誌
して參りました。マ
をポーンと鳴らさな
ほど進歩してきた時
ジの表と裏を撮影しつ
ます。舞臺寫眞は大劇
斷りなのですが、私は
ので、動きの有る演技
めるのに惠まれてゐる
三月に東京寶塚劇場
人選が、坪内雄藏先生
賀するため、先生の「
「ハムレット」がかけら
舞臺稽古に行きまして
に寫眞の作品を差上げ

海星同窓会々報『海の星』第26号（海星学園資料室蔵）

《今日は六月の朔、なつかしき故郷では、シャギリの音が清澄な朝から聴へて居ることでせう。あの長いお諏訪さまの石段は、踊町のヲッチヤマやアンシヤマや、美しい踊子達が、朗らかに昇つたり降りたり、賑はつて居るに違いありません。／長崎を去つて丁度拾年になる私ですが、まだ一度も帰りません。皆サンの御声援をいたゞいて、モット勉強したいのです。…》

海星の生徒だったころの叙述は次の通りである。

《私が学校に御厄介になつたのが早いものですネ、もう三ツの昔が重なりますよ。今歳は日露大戦が三十年に当りますので、帝都では盛んな催し物が御座いました。（中略）イタズラ小僧だつた私は、随分先生方へ御迷惑をかけました。又同じクラスの学友へも相すまなかつたと考えて居る訳なのです。／絵の先生であつたアルベール先生からは、大変可愛がつていたゞきました。どの先生からも叱られたのに、是は、私が絵が好きで、アルベール先生の学課だけはおとなしく鉛筆画をコツコツ描いてた為でせう。日本人側の先生では、近視眼でズングリして居られる成瀬先生には相当やられた方なのですが、何となく好きなお方でした》

写真に熱中し、舞台写真も撮る

《海星へ入学した頃は盛んに写真術を修行して、学校の方はそつちのけ、東京や大阪の展覧会に出品するので忙しかったのです。／私は学校へ通ったのは一ヶ年になつで居りますが、正味は二百日足らずでせう。所謂モグつてばかり居りまして、此頃では、アノ頃フランス語を真面目に勉強して置けば良かったと後悔して居る次第です。／でも此ヤンチャ者を先生方がお忘れもなさらず、時折のお便りに接するのは、光栄至極と感激する訳であります》

叙述は写真術へ移る。

《そんな風に私の写真術は、相当カビがはへる程古いんですが、中途で長く中止したりして、最近小型が流行し、その機能の優秀さが認められたからたまりません。それに旅行する時が多いし、モデルは自由に撰べるので、昨年の春からライカ党の一人に加へて貰い、只今はコンタックスを愛用中なのです。カメラ界は全盛です。皆さん方のお中で熱心なカメラ・ファンもおありでせう。近況を報告せよと編輯部の御注文ですから、本職の方より副職？のカメラのことを申上げお茶をにごす次第なのです》

その後、叙述は舞台写真家としての徳太郎の活躍が述べられる。「舞台写真は大劇場で撮影お断りなのですが、私は特別であるので、動きの有る演技を写しとゞめるのに恵まれてゐる有様です」と述べ、有名な歌舞伎役者や水谷八重子、水之江滝子らの名前が挙げられる。「何かの雑誌で、私の舞台写真が出てゐましたら、喜こんで見て下さい。（昭和十年六月一日記）」として、この文章は結ばれる。徳太郎はこの時期、文筆家のほかに写真家としても活躍していたのである。

『海の星』第二十七号（昭和十一年一月二十日発行）には、「東京では、近日中に結成か」

の見出しで、「文士永見徳太郎氏等の肝入りで、（中略）東京海星会が結成される運びとまでなつた」の記事がある。『海の星』第二十八号（昭和十一年八月一日発行）の会員動静の欄には、「永見徳太郎（10商）五月十九日午後六時廿五分『長崎の民謡に及ぼせる南蛮文化の影響』と題して東京より講演放送」とある。徳太郎のラジオ番組出演は、上京以来、たびたびのことであった。

福田清人氏らと文壇長崎県人会

『海の星』第三十号（昭和十二年三月二十五日発行）には、「海星出身者も交り、文壇長崎県人会、『長崎茶話会』誕生」の見出しで、「母校出身永見徳太郎氏及び新進作家福田清人氏らの肝入りにより漸く機運熟し、去る十一月十二日午後五時より浅草雷門今半において発会式を挙げたが会するもの十六名」との記事があり、「海星出身者としては永見徳太郎、大泉黒石、西岡水朗の諸君であつた」と結ばれている。ここにも、大泉黒石の名前が挙がってている。

『海の星』三十五号（昭和十五年十二月二十七日発行）は、同窓会々報としては最終の発行である。日中戦争の最中で、戦時色の濃い紙面となっており、黒く塗りつぶされた箇所もある。「学芸消息」の欄に、「永見徳太郎君（10商）謹啓　新秋の節となりましたが母校及び同窓会諸氏には御清祥何よりと存じます。私は風光明媚な静安地へ転居致しましたのでお知らせいたします。こちらは箱根の山々、伊豆半島の島嶼、相模湾、真鶴崎、数多くの名所史蹟及び温泉場に囲繞されて居ります。何分向後とも御声援願上げます。拝伏皇紀二千六百歳長月吉祥（神奈川県足柄下郡吉浜町海岸熱海駅よりバスにて十分）」とある。

徳太郎夫妻が神奈川県の吉浜海岸に移住したのは、昭和十五年（一九四〇）八月から九月にかけてのことだった。戦時色が強くなった東京での生活が嫌になったのだろうか、学芸趣味の徳太郎には東京は住みにくいところとなったのかもしれない。しかし、娘夫婦が東京に住んでいたし、仕事の用事で東京に出かけることはあった。吉浜海岸は現在の湯河原町吉浜地区である。熱海駅よりバスで十分という便利なところだった。

以上が、海星学園に残っている資料からの論述である。

第3節　徳太郎を襲名

十七歳で六代目永見徳太郎を襲名

明治三十九年（一九〇六）一月、兄の竹次郎が死去したため、良一が六代目徳太郎を襲名する。本家の跡継ぎだったが、十七歳の少年であったので、後見人が必要だった。明治四十年（一九〇七）十月刊行の長崎市協賛会編『長崎案内』によると、「永見倉庫」の営業主は永見徳太郎、後見人は永見寛二、支配人は永見豊次郎となっている。

永見寛二（二代目）は当時の永見一族を代表する人物。安政五年（一八五八）東浜町に生まれる。若いころ、大阪の五代友厚の弘成会に勤め、明治八年（一八七五）、長崎に帰る。明治三十七年（一九〇四）と四十五年（一九一二）の二回、衆議院議員に当選。大正五年（一九一六）、第十八銀行頭取。死去の前年（大正十年）、長崎市炉粕町七番地の六百坪近い土地に邸宅をつくったが、そこに住むことなく他界、六十五歳だった。邸宅は養子（実弟六三郎、大正八年没）の家族が居住したが、昭和十年（一九三五）、人手に渡り旅館諏訪荘となった。

永見豊次郎は永見一族の出身で、良一の姉ナヲの婿である。ナヲは明治三十八年（一九〇五）、三十六歳で死去しているので、徳太郎良一が家督を継いだときには生存しなかった。義兄・豊次郎は永見倉庫のオーナーである徳太郎が未成年であるので、実質、経営に当たっていたと思われる、大正元年（一九一二）、徳太郎は義兄・永見豊次郎を解雇する。豊次郎はのちに永見食料品店を経営し、昭和初期、市会議員に再選している。

明治十一年（一八七八）一月の榎津小学校児童の寄付記録「学務課報告掛事務簿」（長崎歴史文化博物館蔵）に、「永見年郎」「永見豊二郎」兄弟の名前が見られる。そこには孫文を支援したことで有名な「梅屋庄吉」の名前がある。「永見兄弟」もほぼ同年代の人と考えられる。ともあれ、ここに「梅屋庄吉」と「永見一族」とのなんらかの関連が見いだされる。

なお、永見年郎・豊次郎兄弟の弟・永見倉太は俳号華島を持つ俳人であり、長崎市今籠町で米穀商を営んでいた。徳太郎も少年時代に華島たちの句会に出席したことがあった。徳太郎には、少年時代から文芸趣味があったと言えよう。良一の父・徳太郎至誠も俳句を読む人であり、明治期地元の俳壇には永見一族の関係者の名前が見られる（大谷著正編333～340頁）。

二十二歳で十八歳の銀子と結婚

明治三十九年（一九〇六）、十七歳で銅座町永見の家督を継いだ徳太郎であったが、大正元年（一九一二）、義兄の豊次郎を解雇するまでは、家業のほうは任せきりだったのだろうか。その間、明治四十一年（一九〇七）十月二十五日、戸籍上の母・永見ミネが死去する。銅座永見の家は妾腹の徳太郎と妹のシズだけが残されたのである。明治四十四年（一九一一）九月、東京府渋谷町出身の藤井銀子と結婚する。徳太郎二十二歳、銀子十八歳である。海星商業を退学してから結婚するまでの徳太郎はどうしていたのだろうか。

徳太郎の大阪遊学説というのがある。大谷利彦は正編97頁以降、「大阪遊学記」の項を設けて論述している。大正十四年（一九二五）版の『文芸年鑑』（二松堂書店）「文士録」の徳太郎に関して「大阪商業学校に学ぶ」の記述があるとのことである。だが、この記述はあいまいであると大谷は述べている。

「彼の大阪行きは、大阪永見の存在や、銅座永見家とかかわりの深い十八銀行が明治二十七年に大阪の永見商店店舗を買い受けて、大阪支店を設置していたことなどによるのであろうが、最終的には、後見人永見寛二の意向によって決定されたのかもしれない」と大谷は推測している。

大正十三年（一九二四）五月、京都の表現社から発行された永見徳太郎の創作集『恋の勇者』を大谷は取りあげている。『恋の勇者』は発売直後に風俗壊乱のかどで発禁処分になり、回収されたため、現存部数はごく僅少であるが、幸いなことに、「国立国会図書館デジタルコレクション」で、閲覧ができる。

『恋の勇者』は作者自身がモデルの恋の遍歴を語った作品集である。そのなかのひとつの作品「旧友の舞台姿」には、主人公の大阪時代の学校生活を回想する箇所があり、「多分に事実を踏まえていると思われる」と大谷は述べる。としたら、なんらかの形で徳太郎は大阪遊学をおこなったのかもしれない。大阪で世話になったのは、大阪永見の当主・永見省一（永見克也の父）の家であっただろう。

徳太郎は大正元年（一九一二）十二月、『夏汀画集』という写真集を発行する。巻末は文集になっていて、徳太郎ほかの人たちの文章が収められている。「思い出のまゝ」と題された徳太郎の記述によると、幼いころから写真には興味を持っていたという。

「学校も小学校を終り商業校に生徒となり、以前よりは余程何事も解する事が早くなり再び写真なる術を初めた。写真趣味なるものが次第〳〵に面白くなつて一も写真二も写真と云ふ様になつてきた」と述べられている。写真撮影のため旅行をするようなこともあったようだ。大阪遊学もその一環と考えられないことはない。『夏汀画集』の印刷所は大阪の桑田商会となっている。桑田商会は「浪華写真倶楽部」の後援をおこなっており、その機関誌『写真界』を発行していた。徳太郎は『写真界』の購読者であり、投稿者であった。大阪の写真仲間との交流があったのである。

第三章

芸術愛好家・永見夏汀

第1節　『夏汀画集』

写真を掲載した本に「画集」と

『夏汀画集』（大正元年十二月発行）は「写真集」なのに、「画集」と名付けられている。それはなぜか。徳太郎の意識としては、自分の作品は、記録写真とか写実写真とかいうものではなく、美術写真とか芸術写真といった意識があったからであろう。

「感想やら不幸やら希望やら」と題した徳太郎の文章中に次のような叙述がある。

《僕は写真を解しようと思ふ人にはこんな事を云ふ。『絵の展覧会を写真家たらんもの見にいきたまゑ』と、絵の展覧会を写真家たらんものゝ見るのは、最も必要な事だと思ふ。特に美術写真家たらんものは、写真を学ぶ前に先ず絵の組立などを研究しておくのが肝心だ》

若き日の永見徳太郎像
（『夏汀画集』所収）

「雲の峰」（『夏汀画集』所収）

徳太郎はみずからの文章二篇のほかに、渡辺与平、三宅克己、森長飄、坂井犀水、宗得蕪湖、米谷紅涙、吉野誠、浅野金兵衛の各氏の文章を載せている。『夏汀画集』は要するに、徳太郎が自分の趣味である写真術や写真画のことを世間に宣伝、啓蒙するために出版した本であろう。掲載されている写真は「自画像」をはじめとして全部で十五葉。そのなかの「蔵入」は荷馬車から長崎入江町の永見倉庫へ荷物を運びこむ様子を写した光景である。「雲の峰」は肥前島原の海辺の光景、沸き立つような雲の様子が印象的である。

つづいて徳太郎は、大正四年一月、『夏

「後押」（『夏汀画集　巻二』所収）

汀画集　二』を刊行する。収められている写真は全部で十六葉。その一つ一つについて、「自画自賛」と題した解説を付す。そのなかの「夏汀」と題する作品の解説には次のような文章が見られる。

《自分の雅号が夏汀だから一つ画題を其に、ちなんで見たいものを早くから望んで居たが一向其機会に接する事が出来なかった。が或年別府に避暑をした其時浜脇海岸で得たのが是れだ。波止場の人物と船は気に入ってるのです。而して雨がシトシトして居たので撮影するのに少々手がとれたのでした》

「『写真界』で諸兄の評に曰く」として、「雨中に撮影したと云ふが此写真に取つて大変損だ。どうも夏の感じに乏しい。位置の取り方は無難」

『印度旅日記』表紙
（県立長崎図書館蔵）

など、五人の短評などが載せられている。「後押」と題された作品は、レールの上の荷車を数人の男女が押している労働を写したリアルな写真である。

『夏汀画集　第参　印度の巻』は、大正五年六月に刊行された写真集である。これは徳太郎が画家の南薫造とともに、大正五年一月から四月にかけてインドに旅行した折の写真である。写真十葉だけの掲載である。徳太郎著に『印度旅日記』と題した刊行本（大正六年、長崎重誠舎印刷）があるので、旅の様子はその本を読めばよい。幸いなことにその本は県立長崎図書館で閲覧できる。

「個人の写真画集」発行は日本初

昭和七年二月、徳太郎は粋古堂を発行並発売所として『珍しい写真』と題する写真集を出版した。その序文において、徳太郎は次のようなことを述べる。

《私は、少年時代に写真術に熱心であつた。そうして自分で言ふと可笑しいが、芸術写真の黎明期に於て、朦朧写真を好んで製作し、当時は、ほんの一部に歓迎をうけたが、私のフォーカスは、非常な勢ひをもつて其の後流行して居るのである。其に又、個人の写真画集を発行したのも私が日本最初であつた》

徳太郎の発言は、ほぼ正確であろう。徳太郎は芸術写真の先駆けをなす人であった。しかし、この『珍しい写真』はいわば記録写真、歴史資料としての写真集である。「少年時代に、古い写真が、何となく私を引付けたのが動機となつて、今日迄蒐集した年月の春秋が二十数回を重ね、古写真が約壱万葉に達せんとしてゐるのである」と述べるように、徳太郎は写真の分野でもコレクターであった。そのコレクションのなかから、この写真集を編集したわけである。「編中、年代順でないのは興味中心と印刷の都合である。解説は第三輯発行の際巻末にまとめて掲載することにした」と述べているが、続輯が出なかったのは、残念である。

平成十七年（二〇〇五）四月二十三日〜六月二十六日、長崎県美術館において、「長崎の美術1　写真／長崎」展が開かれた。そのなかで選ばれた写真家は、上野彦馬以下雑賀雄二まで六名である。上野彦馬の次に取り上げられたのが、永見徳太郎である。

刊行された冊子のなかの解説文の徳太郎に関係する部分には次のような文章が見られる。

《大正期、長崎では、対外交流史を中心とした長崎独自の歴史と文化を再評価する大きな運動が起る。古賀十二郎、渡辺庫輔などの郷土史の大家が生まれ、実業家・永見徳太郎（一八九〇～一九五〇）は、莫大な財産をもとに、長崎の文化遺産を精力的に蒐集、芥川龍之介、竹久夢二など文化人にそれらを紹介し、彼らの創作活動の源泉として大きな役割を果たしていた。文芸全般に強い興味を抱いていた永見は、自らも絵を描き、カメラを抱え撮影を行っていた》

これは多彩な活動をおこなった徳太郎の側面を述べた文章であろう。いずれにせよ、長崎の写真史を語る場合、忘れられない人であった。

第2節　東京からの花嫁

銀子は母てうの長崎後妻に伴われ県立高女へ

明治四十四年（一九一一）九月十九日、永見徳太郎は藤井銀子と結婚する。この日付は婚姻届と新聞報道によるが、二人の間に生まれた長女トキの誕生が明治四十五年三月十日なので、婚姻届より以前に、二人は夫婦生活をしていたと考えられる。二人はどういう縁で結婚したのか。その前に、銀子の母・藤井てう（ちょう）のことを語らねばならない。

銀子の母てうは明治七年（一八七四）、藤井忠弘・たねの長女として東京神田錦町に出生。御茶の水の女子師範学校を卒業後、東京帝大でフランス文学を専攻した小笠原金吾と結婚して、長女・銀子、次女・鈴子、三女・鉛子を得たが、金吾が死去して寡婦となった。寡婦となったてうは、幼い娘たちを実家（藤井家）に預け、伏見宮禎子女王のところに奉公し、明治三十三年（一九〇〇）、禎子女王が旧土佐藩主山内家に降嫁後も山内夫人の禎子に仕えていた。明治三十八年（一九〇五）夏、てうは禎子夫人の勧めもあって、長崎の実業家・松本庫治の後妻となって長崎に来ることになった。てふは三十二歳であった。

松本庫治は安政五年（一八五八）十月愛媛県新居郡大島浦、村上多吉の三男に生まれる。幼いころ、長崎に来て実業に従事。明治二十一年（一八八八）、三十一歳で本五島町の松本勘吉の長女ミツと結婚、勘吉の婿養子になった。夫妻に実子はなく、愛媛県出身の池原重助を養子とし、明治三十六年（一九〇三）春には、庫治の兄の娘ヨシと結婚させていた。しかし、同年初秋、庫治の妻ミツは四十五歳で死去した。それから二年後の夏、松本庫治は後妻を迎えることになったのである。庫治は四十八歳であった。

藤井てふを長崎の実業家・松本庫治の後妻に勧めたのは、山内夫人・禎子であったが、それは松本庫治が長崎の有力な商人であったからだった。おそらく、山内家と交際があり、庫治の声望は聞こえていたものと推測される。松本庫治は貿易商・松庫《まつくら》商店の店主であり、市議会においては副議長を務め、長崎自由倉庫、長崎電気軌道などの重役で、長崎商業会議所の重鎮であった。

以上のようなわけで、藤井銀子の母てふが長崎の商家の後妻となり、長崎と縁ができた。母てふにとっては、実家に預けていた娘たちのことが気がかりであった。娘たちの休暇のときは長崎に遊びに呼ぶこともあった。そんな折、長女の銀子が東京の女学校から県立長崎高等女学校に転校して、松庫商店から通学することになった。銀子の転校の正確な年月日は不明であるが、高学年になってからであろう。明治四十四年三月二十五日の『東洋日の出新聞』は「高等女学校」の卒業式の記事を載せている。

本科卒業生氏名のなかに「藤井ギン」とある。銀子の一年下に徳太郎の妹シヅが在学していたので、その関係から、徳太郎は銀子を見そめたのであろう。二人の婚姻届は銀子の県立高女卒業式の半年後に出されたのである。

芥川も菊池も手料理を絶賛

銀子は母てうの実家・藤井忠弘の養女となっており、忠弘の住所は東京府豊多摩郡渋谷町である。ここで、「渋谷」について付言しておくと、渋谷村が渋谷町に昇格したのが、明治四十二年（一九〇九）。東京市に編入されて渋谷区となったのが昭和七年（一九三二）。藤井銀子が少女期を過ごしたころの渋谷は渋谷川周辺ののどかな農村地帯であっただろう。とはいえ、永見家にとっては、東京から迎えた花嫁だったのである。

大正八年（一九一九）五月、菊池寛は芥川龍之介とともに長崎を訪れ、永見邸に宿泊している。そのときのことは、芥川、菊池ともに、印象的な文章を残していしているが、訪問のときから十四年後の菊池の文章（昭和八年作「日本諸所」）のなかに、次のような叙述がある。「長崎の港へは十数年前芥川と一しょに、永見徳太郎氏を訪ねて行っ

永見銀子・トキ（三宅トキ氏蔵）
（大谷著「続編」p423 より）

たが、永見夫人が美しい人であったのと、港が青葉の山々に囲まれた美しい港であったことが今でも忘れられない」。

「今でも忘れられない」として菊池が述べているのは、「青葉に囲まれた美しい港」と「美しい永見夫人」の二点である。たしかに永見銀子は美貌の人だった。写真などで見ると、面長で細面の清楚な美貌である。徳太郎は接客を好む人であった。その場合、奥方の客に接する印象は大切であろう。その印象度も抜群だったにちがいない。

斎藤茂吉は大正六年（一九一七）十二月から十年三月まで、長崎医学専門学校教授として長崎で勤務していた。永見邸の客となり、奥方の手料理をいただいていたという。茂吉の歌に次のようなものがある。「南京の羹（あつもの）をわれに食はしめし夏汀が嬬（つま）は美しきかな」。手料理がおいしいので、その作る人もなお美しく見えるのかもしれない。

長崎は料理が豊富でおいしいところである。銀子は東京出身だが、長崎の家の主婦となり、長崎料理を勉強したであろう。

芥川龍之介は大正十一年（一九二二）五月、二十日間ほど長崎に滞在している。大正八年五月のときと違って、このときは本五島町の旅館に泊まっているが、昼食はかならず永見邸で食べていた。よほど、永見の家の食事が気に入っていたようだ。芥川が丸山芸者・照菊に河童屏風を贈ったことは有名であるが、永見夫人銀子には同じ図柄の河童絵を描いた扇子を贈っている（大谷著正編271頁参照）。

夢二の印象では「貞淑な妻」

徳太郎は愛人を作ったり、妾を囲ったりの女性遍歴も多かったが、銀子は終生、徳太郎に尽くした献身的な妻だったと言えよう。大正七年（一九一八）の八月から九月にかけて徳太郎邸に滞在した竹久夢二の日記（九月五日の条）には、放蕩な夫（徳太郎）に対して、「何事も良人の心にさからはず、身も心も寸時も奉仕してゐる」貞淑な妻・銀子の様子が記されている。

夢二が長崎旅行から帰った大正八年（一九一九）から大正十年（一九二一）の間に制作された「黒船屋」「長崎十二景」「女十題」は、夢二の女人像の円熟期の作品群だが、そのなかの何枚かに、永見邸に滞在したときの銀子の面影が反映しているようにも思えるが、どうだろうか。もちろん、それればかりではなく、徳太郎から聞いていただろうピエール・ロチとお菊さんの話などや夢二の愛人・笠井彦乃の面影などが混在していることは言うまでもないが。

第3節　著名画家との交流

海星のフランス人教師に習った絵の才能

徳太郎はみずから、絵を描く人であり、海星商業在学時も図画が得意科目であったという。海星のフランス人の図画の教師・アルベール先生にはとくに気に入られていたようだ。長崎出身の渡辺（旧姓・宮崎）与平とは少年時代からの知合いだった。徳太郎より一歳年長の与平は明治四十五年（一九一二）六月、二十四歳、満二十二歳八カ月で死去する。徳太郎は与平の代表作『帯』を購入している。大正三年（一九一四）

四月に中村三郎を編集人とする『長崎文藝』第一号が出た。そのなかに徳太郎の随筆「東錦絵」が出ている。東京見物記の意味の随筆であろう。「東錦絵」は三回の連載になっていて、その「一枚目」（「一回」の意味である）は、渡辺与平の未亡人文子夫人を訪ねた折の叙述である。与平の作品の鑑賞文などが述べられていて、この夭折した画家を惜しむ気持ちが出ている。

この上京はおそらく、大正二年（一九一三）の冬のころと思われる。連載の二枚目（『長崎文藝』第二号、五月発行）は、帝劇を見物した折の叙述である。案内者は河合英忠。明治八年（一八七五）生まれの日本画、浮世絵の画家である。徳太郎は役者の事情に詳しい。とくに女優のことについて詳しい。四年前にも帝劇に来たとも述べているので、まだ独身時代の明治四十一年（一九〇八）十九歳の折、すでに東京には遊びに来ていたのである。長崎に住んでいても、諸所を見物して、知人も多かったわけである。

連載三枚目（第三号、六月発行）は、洋画家の小絲源太郎と銀座のカフェ・プランタンに行ったときの話。小絲と会うのは初めてであったが、その前に文通はしていたのだろう。旅の宿に小絲が尋ねてきて意気投合して、銀座に出かける。小絲源太郎は明治二十年（一八八七）生まれで、徳太郎と年齢が近い。プランタンの店内にはカンバスが並べられている。有島生馬の絵の批評などの話が出る。徳太郎は生馬の家も訪ねていたのだった。この東京滞在の随筆からも徳太郎がすでに中央の画壇の人たちと知り合いになっていることがわかる。

小絲源太郎と迎陽亭で集う

大正三年（一九一四）十月、永見徳太郎の招きで、小絲源太郎は母親を連れて長崎を訪れている。長崎市上筑後町（現在の玉園町）の料亭・迎陽亭《こうようてい》の庭で小絲親子を中央にして写した九名の集合写真が残っている。後列には林源吉らが並んでいる。迎陽亭は当時文化人たちが集う一流の料亭だった。小絲は長崎の人々の歓待を受けたのであろう（大谷著正編169頁参照）。浅野徹編『小絲源太郎年譜』には、「長崎の知人に招かれ、初めて長崎を見て感激する」とある。長崎初遊の翌年の六月、小絲は徳太郎に長文の手紙を送っている。自分の恋愛問題の切迫した状況を伝えた内容であるが、七月九日付の手紙は、一転して結婚の連絡である。「三百里の向ふなる知己永見徳太郎兄の臨場を心から祈るものです」の文面もある。

小絲源太郎は大正七年（一九一八）十月、文展に出品の自作品を切り破るという事件を起こし、七年間、展覧会出品を中断したが、昭和三十四年（一九五九）に芸術院会員、昭和四十年（一九六五）には文化勲章を授与されている。その間、小絲は昭和十年（一九三五）、昭和三十年（一九五五）、三十一年（一九五六）、三十八年（一九六三）と四回にわたり長崎写生旅行を重ねた。長崎に親しんだ画家であったと言えよう。

小絲と徳太郎との交際は、大正九年（一九二〇）六月九日付の小絲からの手紙以後、その形跡はない。最後の手紙には次のような文面が見られる。「東京へも度々御出京の由ですがいつも御より下さらないので一向に知らず失礼して居ります」。徳太郎は長崎から東京へ出ていくだけの時間と財力があったわけである。また、美術への関心も深かったので、画家との文通や面会、そして作品の購入も繁くおこなっていた。

満谷国四郎、南薫造らとの交流

大正五年（一九一六）、徳太郎は太平洋画会に入選したが、文展には落選した。大正五年十月十日付の徳太郎宛て満谷国四郎書簡には、次のような文面が見られる。「…何とかして貴意を満足さすべく南氏と務め候《そうら》へども最後に至り不幸落選の事となり残念の至に奉存候何分千四百より九十点ばかりにきりつめ候事とて著名の大家もどしどし没落の不幸を見候有之…」。満谷国四郎は明治七年（一八七四）生まれ、明治三十三年（一九〇〇）から欧米留学、帰国後、中村不折らと太平洋画壇を結成し、明治四十年（一九〇七）の第一回文展以来その審査員を務めた画壇の重鎮であった。

満谷は大正七年（一九一八）に長崎を訪れ、永見の客となった。帰りは徳太郎も京都まで同行し、京都で遊んだ仲であった。大正七年十二月九日付の徳太郎宛て満谷の書簡には、「京都にて足を出し汗顔の至りに候然し表裏共無遺憾御覧に入れ寧《むし》ろ満足至極に存じます／京都発当時は一番ひどく酔居候て失敬しました」とある。

洋画家・南薫造は明治十六年（一八八三）生まれ、東京美術学校卒業後ヨーロッパに留学、帰国後は文展で活躍し、大正五年（一九一六）から文展の審査員を務めた重鎮であった。徳太郎とは早くから文通などの交際があり、書簡のもっとも古いものは、明治四十五年（一九一二）二月二十五日付のものである。「貴殿には西洋画に深き趣味を持たれ諸家の作品を集められ候御事誠に御篤志の儀に存じ候。／就而《ついて》は御所望の油絵本日郵便にて相送り申上候間受取られ度候。…」。この書簡からも察せられることであるが、徳太郎は画壇の諸氏の絵を買い求めていたのである。

徳太郎と南薫造とは親密な交際を続け、大正四年（一九一五）四月には南は永見邸に滞在した。大正四年四月二十日付『東洋日の出新聞』に「新進青年洋画家南薫造氏は過日来崎、銅座町永見夏汀方へ逗留中なるが当地斯界の有志十余名は昨夜同氏を館内福建会館へ招待し宴会を催したる由」の記事がある。徳太郎は著名な画家を自宅に招待するのみならず、長崎在住の有志にも紹介、宣伝に努めたようだ。南薫造と徳太郎は大正五年一月十九日、日本郵船の諏訪丸に乗船してインドへの旅に同行する親しい間柄であった。

徳太郎と著名画家との交流はそのほか、日本画家の山村耕花、満谷の盟友吉田博、甘美な作風の太田三郎、河童絵の小川芋銭などが挙げられる。

第4節　竹久夢二の来崎

長崎の異国情緒は画題としての憧れ

大正ロマンの天才画家・竹久夢二（本名・茂次郎、一八八四〜一九三四）が長崎の永見徳太郎邸を訪ねてきたのは、大正七年（一九一八）八月中旬過ぎだったと推測される。夢二は三十五歳。八歳の次男・不二彦を伴っての九州旅行の途中であった。というより、夢二にとって、長崎の異国情緒は画題としての憧れだったので、長崎を目指しての旅だったと言えよう。

夢二研究家の長田幹雄作成の「竹久夢二年譜」（昭和四十二年発表）は、夢二の長崎滞在を大正七年八月三十一日から九月十日としている。夢二についてのほとんどの書物がこれに従ってきた。しかし私には、この日付は不確かであると思われる。

栗田藤平著『おお、白銀のチロル』（武蔵野書房、二〇〇八）と安達敏昭著『夢二の旅』（ADアート発行、二〇〇六）を参考にして、夢二の九州の旅の跡を追ってみたい。

神戸港から九州に旅立ったのが大正七年八月六日、乗船前、京都に残してきた愛人・笠井彦乃宛ての手紙には、八月八日の朝、門司港に着くと書いてあった。八幡市枝光には夢二の父母と夢二の長男・虹之助（十一歳）が住んでいた。夢二は妻たまきと別居して、虹之助を両親のもとに預けていたのだった。大正五年（一九一六）、たまきとの間に三男・草一が生まれるが、夢二は愛人・彦乃と次男不二彦の三人で暮らすようになっていた。

夢二の故郷は岡山県邑久《おく》郡であり、実家は酒造業であった。夢二は十六歳のとき（明治三十二年）、神戸中学に入学するが、家事都合のため八カ月で退学。その年、両親は

永見徳太郎邸での記念写真（松本名那氏蔵）
（左から）永見徳太郎、斎藤茂吉、三浦達雄、竹久夢二、松本松五郎、大庭耀
（大谷著「正編」p195 より）

八幡製鉄所の景気を当て込んで、北九州の八幡枝光に移住していた。八幡製鉄所の人夫斡旋《あっせん》や風呂屋を営んでいたと言われる。

大正七年八月、夢二は枝光の実家に二泊して、八月十一日、博多（福岡）に来た。福岡では歌人の伊藤（柳原）白蓮と面会した。白蓮は大正四年（一九一五）発行の処女歌集『踏絵』の装幀を依頼したことがあるので旧識であった。夢二は八月十二日、博多から唐津に行く。『夢二日記』に「夜、唐津。宿へかへると浄るりに合わせた太棹が二階の方からきこえる。近松がすんだこの土地では、特に感じが深い」とある。前日、博多では昔の遊郭柳町の跡を見て歩いた。そして唐津に来たのは、近松浄瑠璃『博多小女郎波枕』の遊女「小女郎」のイメージを求めてだったろうか。唐津には近松寺があり、そこには近松門左衛門の墓がある。夢二は近松の浄瑠璃を好んでいたので、近松寺に参詣したと考えられる。

八月十三日、夢二は唐津から列車で長崎に着き、茂木港から小浜港、そして雲仙へと長旅をして、大牟田出身で同志社大学に在学中の福井武夫に会う。唐津から長崎を経て雲仙への一日行程は無理があるのではないかと思われるが、不可能ではない。大正九年（一九二〇）八月三十日、斎藤茂吉は午前八時十五分長崎発、午後三時十五分唐津に着いている。大正七年（一九一八）八月十三日の夢二の行程はその逆をたどったのである。

八月十三日、福井武夫に案内されて、夢二は温泉ホテル（中村房一経営）の別荘に泊まった。そこは伊藤白蓮夫人が利用していた宿であった。翌日、夢二は、島原に下る。盆の中日、八月十四日の島原は朝のうちは雨模様だったが、昼からは晴れる。夕方近く、夢二は長崎大光寺からきた青年歌人・三浦達雄の案内で島原の安養寺を訪れる。求めに応じて自作の歌「定めなく鳥やゆくらむ青山の青のさびしさ限りなければ」を半折の紙に揮毫する。夢二が揮毫した書は現在、島原の安養寺に保存されている。寺から宿の南風楼への道すがら、菊池寛晃住職から町に伝わる「青い精霊船」の話を聞く。夢二はこの話をモチーフに、数年後、「島原巷談　精霊流し」を描く。翌八月十五日、夢二は晴れた島原の町を散策し、写真撮影をする。夜は盆祭りのクライマックス、切子灯籠《きりこどうろう》が満載された精霊流しを見物した。

翌十六日、夢二は三浦達雄と長崎在住の歌人・松本松五郎らを伴って島原鉄道で長崎に向かった。途中、神代《こうじろ》あたりの海で海水浴をしたとの松本松五郎の談話が伝えられている（『長崎新聞』昭和四十二年二月六日付「長崎文化百年・文士往来」）。しかしともあれ、八月十七日ごろには長崎銅座町の永見邸に着いていたと思われる。

夢二ファンの徳太郎、長崎の各所を案内

永見徳太郎が竹久夢二死後の二年後に発表した「長崎に来た夢二サン」と題する随筆（昭和十一年八月『書窓』所収）は、次のように書き出されている。

《長崎の真夏はとても暑い。夜になつてもなかなか涼風が来ない日がつゞき、ジメ〳〵とした天地で有る。その嫌な八月の或日、外出先から帰つてみると、竹久

といふ人が尋ねて来たとのことだつた。／誰だか見当がつかなかつた。夕方、その訪問者が又ヒヨッコリと現れた。玄関に出てみると、髪の長い、色の黒い、何処かに憔悴のかげがあつて、穢い黒の上衣をつけた人が、七ッか八ッ位の子供の手をひき、小さなカバンを下げて立つてゐた。／『竹久です。夢二です』／これが、私と夢二さんの初対面であつた。何年か前から手紙のやりとりはしてゐたが……余りの突然さで驚いた》

「何年か前から手紙のやりとりはしていた」ということなので、徳太郎は夢二の絵に興味を示していたのであろう。徳太郎は長崎出身の画家・渡辺与平のことは少年のころから知っていた。明治四十年（一九〇七）ころから「夢二式」「与平式」と呼ばれて、コマ絵や挿絵の分野で注目を浴びていた存在であった二人なので、徳太郎が竹久夢二に興味を示さないはずはなかった。徳太郎は甘美でセンチメンタルな詩情を画面に漂わせる夢二の絵のファンだった。大正期の夢二の絵の人気は全国的で、大正二年（一九一三）十一月に初版が出た絵入小唄集『どんたく』は、大正五年（一九一六）には十三版を重ねていた。

夢二は長崎来遊以前に、長崎に関連のある南蛮趣味の絵を描いていて、長崎には大

「長崎十二景」左〈燈籠流し〉右〈出島〉
（(株）港屋発行「竹久夢二絵葉書」より）

いなる関心を抱いていた。大正三年制作の「切支丹波天連渡来之図」、大正六年制作の「九連環」などはその代表例である。長崎に来る直前の四月、夢二は京都府立図書館で「竹久夢二抒情画展覧会」を開催している。その期間中、「邪宗渡来」「旅の唄」の二曲一双の絹本《けんぽん》着色の南蛮絵を二日足らずで制作出品したという。この展覧会は夢二の欧米旅行資金のためだったが、愛人・彦乃の病気などの事情により取りやめになり、長崎旅行になったのだという説もある。

　島原から長崎の永見邸に来た夢二は島原での盆の精霊流しが印象的だったのだろう。後に永見徳太郎に贈った「長崎十二景」のうちの一つ、「燈籠流し」は、大波止の鉄砲玉が描かれているので、長崎の港の情景かと思われるが、灯籠を満載した船が流される様子は島原で見た情景が混在しているのである。南蛮美術などの収集家で知られる永見徳太郎は夢二が滞在中、長崎および周辺を案内した。芸術に理解のある徳太郎は、「必要以上に史実的知識を与えない方がよいと気づいたから、質問する以上は教へなかつた。歴史に精通すれば、反つて彼の特色が画面を窮屈にするやうであつたから」と述べている。

長崎の経験をもとに「長崎十二景」「女十題」を制作

夢二は次男・不二彦を伴っての旅であった。永見家の長女トキは一つ年下、子供たちを伴って、近くの道ノ尾鉱泉や茂木の港へ行楽に行くこともあった。不二彦が病気になり、徳太郎の叔父に当たる三浦医師の治療を受けて快癒したこともあった。長崎で展覧会を開く予定もあったようだが、別府に来ていた愛人の彦乃が入院したことなどがあり、取り止めになったようだ。

地元九州在住の粟田藤平や安達敏昭の最近の調査研究によると、八月十七日ごろには永見邸に到着しており、永見邸出立も九月十一日以降のようだ。とすると、夢二は永見邸に二十日間以上滞在したことになる。

八月下旬、彦乃は別府温泉に赴いていたが、九月初め、別府町中田病院に入院する。夢二が長崎滞在中、別府と長崎を往復したという説もあるが、真偽ははっきりしない。九月十一日以降、長崎を発ち、別府で病床にある彦乃のもとに駆けつけたと推測される。別府では画会を催して彦乃の入院費用に充てた。しかし、彦乃は父親の手で京都の東山病院に入院させられ、夢二と引き離されたのであった。その後、彦乃は夢二と会えないまま大正九年（一九二〇）一月十六日、東京お茶の水の順天堂医院にて永眠、享年二十五だった。

大正七年（一九一八）十一月、三年ぶりに東京へ帰った夢二は、本郷菊坂の菊富士ホテルに落ち着いて制作に励む。夢二の代表作と言われる黒猫を抱いた女を描いた『黒船屋』が出来たのは、大正八年（一九一九）である。大正九年（一九二〇）になると、長崎滞在中の御礼として「長崎十二景」の十二枚の水彩画が永見徳太郎のもとに贈られる。さらに大正十年（一九二一）には、「女十題」の十枚の水彩画が徳太郎のもとに贈られている。これらの絵には長崎での様々な経験が反映していると考えられる。

徳太郎と夢二はその後も文通を続ける。東京移住後の徳太郎は夢二に面会したかもしれない。昭和六年（一九三一）四十八歳の夢二はアメリカに渡り、翌年、ヨーロッパに移動し、九月、日本に帰国。昭和九年（一九三四）九月一日、信州富士見高原療養所にて死去。数え年五十一歳、満五十歳の誕生日を十五日後に控えた日であった。

第四章

文化人の来訪と交友

第1節　斎藤茂吉の長崎着任

長崎医専で精神病学と法医学を講義

斎藤茂吉が長崎医学専門学校の精神科教授として、長崎駅に降り立ったのは、大正六年（一九一七）十二月十八日、午後五時五分であった。「あはれあはれここは肥前の長崎か、唐寺《からでら》の甍《いらか》にふる寒き雨」はこの時の情景を詠んだ歌であろう。唐寺は駅前から見える福済寺であろう。唐寺は長崎では、「とうでら」と言うとのちに茂吉は長崎の郷土史家から教えられたが、この歌の場合、音韻の関係上、「からでら」としているようだ。

斎藤茂吉は明治十五年（一八八二）五月十四日、山形県南村山郡金瓶村（現在の上山市金瓶）に生まれた。実家は守谷姓であったが、上京して斎藤紀一の次女・輝子の婿養子として入籍する。明治三十八年（一九〇五）九月、東京帝国大学医科大学に入学。明治三十九年三月、歌人・伊藤佐千夫に入門。明治四十三年十二月、東京帝国大学医科大学医学科を卒業。明治四十四年（一九一一）、歌誌『アララギ』の一月号以後の編集を担当。同年二月、東京帝国大学医科大学副手となり、付属病院に勤務し、呉秀三《くれしゅうぞう》博士のもとで精神病学を専攻。大正二年（一九一三）十月、第一歌集『赤光』を発行。大正三年（一九一四）四月、斎藤輝子と結婚。大正五年（一九一六）三月、長男・茂太が生まれる。

長崎医専時代の斎藤茂吉
（「新潮日本文学アルバム・芥川龍之介」より）

斎藤茂吉が大正六年（一九一七）十二月長崎に赴任したときは、妻子を東京に置いての単身赴任であった。長崎に着いて、ひとまず今町五十六番地（現在の金屋町内）の「みどりや旅館」に投宿する。翌年の一月初旬、金屋町二十一番地に借家して、女中のいちと住む。四月十四日、東中町五十四番地の二階建て六部屋の家に転居した。そこが大正十年三月、茂吉が長崎を去るまでの住居であった。

茂吉は長崎医専では、四年生に精神病学と法医学を講義した。大正九年（一九二〇）卒業の井上凡堂が同窓会誌『長九会』に載せた茂吉先生の初講義（大正七年一月八日）の思い出には次のようなことが記されている。

《抱えて来た二冊の本を壇上にドシンと置かれた先生はチョビ髭に眼鏡のお顔を挙げ、口をとんがらかして一と渡り教室を見廻してしてから一寸口角を右に引いて、〈プシアトリーは講義の判らぬ学科である〉と云われのが如何にもおどけて見えたのでドッと皆が笑った。以来何とはなしに親しみを覚える先生となった》

プシアトリー（精神医学）は古代ギリシア語の「プシューケー」（たましい、霊魂）に由来する語であろう。プラトン、アリストテレスの霊魂論は究極のところ神秘的である。そのあたりのことを「判らぬ学科」と茂吉は表現したのかもしれない。長崎医専時代の斎藤茂吉教授の逸話にはいろいろと面白いことが伝えられている。これもそのひとつであろう。

有名だった茂吉の丸山遊郭通い

大正七年（一九一八）一月六日の夜、長崎市古町の土橋青村宅での歌会に茂吉は招かれ、地元の歌人たちと顔を合わせた。そこには歴史家の古賀十二郎や当時十八歳の渡辺庫輔がいた。渡辺庫輔は歌人・斎藤茂吉に師事し、与茂平の号をもらった人である。庫輔は永見徳太郎と親戚であり、永見の家にはよく出入りしていた。庫輔の紹介で、茂吉も永見徳太郎の家を訪問するようになったと推測される。
永見徳太郎が大正十三年（一九二四）五月に発刊して、発刊直後に風俗壊乱の点で発売禁止処分となった創作集『恋の勇者』に収められた「遊蕩児の良心」には、斎藤茂吉をモデルとした「後藤繁吉先生」なる人物のことが描かれている。そのなかからいくつか抜き書きしてみよう。
《後藤先生は三四年迄、此の長崎の街の医学専門学校に教鞭をとつて、得意な精神科を担当して居られた。が芸術家肌の先生は、短歌を作るといふ事は、大勢の生徒の前に立って、学術講演をするよりも忠実に考へて居られた》
《後藤先生は、度々《たびたび》丈一（注：モデルは徳太郎）の家に遊びに行かれた。而して彼の癖であるところの舌をペロリ出しては、ギヤマンのコップに注がれた支那酒を味つたり、又談話の合間〳〵にはキット例の舌をペロリと出して、可笑しい物語をする事を忘れられなかつた》
舌をペロリと出す茂吉の癖は、他の人の書物にもよく記されていることである。茂吉の丸山遊郭通いも有名な話であった。
《後藤先生は、微酔した顔を真赤に染め乍ら、よく丸山遊郭の遊女屋を次から次にと、見て歩かれた。東京から来たばかりの先生には、遊女屋が写真ではなく、実物で張見世をして居ると言ふ事に、遊蕩的感興を満足させるに充分であつた。／或時、丈一は『先生、此間学校の生徒が黒板に、毎晩丸山行の繁吉さんと書いたさうですね、』と、先生の返事がどんなであるかと、大いに好奇心を唆のかせて訊ねると、後藤先生は案外平気な顔で、舌をペロリと出して見せ、『やあ、あの一件ですかい、生徒が書きましたよ。僕が教室に入ると、大きく書いてあるものですからね、何だか変な気持ちになつて、黙って僕が消してしまいました。生徒がワアと皆で笑ひましたので、僕も可笑しくなつて一緒に笑ひ出してしまひましたよ』／其時、わきに居た丈一の妻はお茶か何かを汲んで居たが、心安い方だけに、『先生は、丸山にお出でになるので御座いますか、奥様に聞えますと……』／『何に………時々は行くんですよ。実はね昨晩も、寄合町の方に行ったのです。丁度頃合のが自慢して坐つて居りましたからね』》

大正七年（一九一八）一月十九日付の歌友・中村憲吉宛の葉書に、長崎の水道事情の悪いことを述べるとともに、「丸山だけは吉原より良い」と書いた茂吉は、よほど丸山がお気に入りだったのだろうか。しかし、同年三月十四日付『アララギ』の美人歌人・杉浦翠子宛ての手紙には、「寂しきまゝに丸山の妓楼にまゐつて見候へども、精神的の交渉なくてはやはり心ゆかず候」の文言がある。

長崎時代のエピソード

当時、茂吉は単身赴任だった。妻の輝子が長崎に来たのは、六月になってからだった。しかし、十月には輝子は東京に戻ってしまった。十二月二十四日、茂吉は医学研究のため上京する。翌八年一月十六日、妻・輝子を伴って長崎に戻ってきた。五月初旬、喧嘩して輝子を東京に帰してしまった。十一月下旬、輝子は長男・茂太を連れて長崎に来た。翌九年（一九二〇）一月、茂吉は流行性感冒にかかり、肺炎も併発した。輝子と茂太も感冒にかかるという状態であった。四月二十日ころ、豪華客船で妻・輝子、長男・茂太は東京に戻る。輝子が長崎に戻ってきたのは、六月になってからだった。以上のようなわけで、長崎時代、茂吉は妻不在の時を過ごすことが多かった。そのようなとき、永見徳太郎家での接待や手料理は茂吉にとってありがたいものだったにちがいない。

長崎医専附属病院精神科医局で茂吉の助手をつとめた杠《ゆずり》葉《は》輝夫は後年、『長崎アララギ』のなかで、茂吉の長崎でのエピソードを綴っている。そのことは、堀田武弘の著作『長崎歌人伝・ここは肥前の長崎か』（あすなろ社、平成九年十月）に紹介されているので、そのなかから抜き出してみよう。

《その頃私は先生から万葉の話を断片的にではあるが、聞かされたものである。こうしたことを話されるときの先生の顔は、日頃教壇で精神医学を講義されるときとは、甚だ異つた雰囲気に包まれたもので、異常な熱心さで語られるのであるが、肝心の私は唯何となくぼんやりと聞いていたに過ぎなかった》

《その頃の先生は他人の思惑など何のその、社会的地位も名誉もものかは、詩情のおもむくまゝ全く大胆に行動されたのであつたが、こうした長崎でのエトランゼ的行状を私は先生のよさとして感じるのである》

《積立金で思い出したが、医局では年に幾回かこれを活用しては宴席を設け、大いに浩然の気を養ったものであるが、宴果てるやきまつて先生は私に鞄を持たせて、夜の巷を逍遥されるのがならわしであった。／今はない『思切り橋』のところ、カステラの福砂屋のあたりで足をとめられ、『ご苦労、もう君は此所から帰って宜敷い』と先生が至つてあっさり、私の手から鞄を取上げられたときのその恨めしさ、独り飄々として紅灯ゆらぐ敷石の道をゆつくりとのぼつてゆく先生の後ろ姿を横目に睨み乍ら、思わずも万こくの涙をこらえたことを覚えている》

芥川と茂吉の交際を徳太郎が仲立ち

大正八年（一九一九）五月初旬、芥川龍之介と菊池寛が長崎を訪れ、永見邸に滞在した。この期間中に芥川と菊池は斎藤茂吉と面会した。浦上天主堂を見学したあと、県立長崎病院で勤務中の茂吉を訪ねたのだった。お互いに初対面であったが、その後、芥川と茂吉は親しく交際するようになる。その仲立ちをしたのが永見徳太郎だったわけだ。芥川は帰京後、茂吉に手紙を出した。その手紙は現存しないが、茂吉からの返信（六月二日付）が存在している。その冒頭は次のように書き出されている。「拝啓御芳書忝く拝受仕り候はるばる御いで下され候にそれにはじめて御会ひ仕り候にあのやうに失礼仕りあとで非常にすまない心涌き苦しみ申候」。

茂吉は勤務中でゆっくり応対できなかったのだろう。懇切丁寧なお詫びの文章である。さらに次のように述べられている。「御立ちになつた日の夜に長崎の青年文芸愛好家数人つれて永見さん方たづね候も御立ちなりし後にて残念いたし申し候その中には御作の崇拝者居り候…」。芥川文学のファンの青年がすでに長崎にもいたのである。それは茂吉と係わりのあった「うねび会」の若い歌人たち、例えば、松本松五郎たちであったと言われている。

大正八年（一九一九）十二月二十日付の芥川宛て茂吉書簡には次のように書かれている。

《拝啓御無沙汰打すぎ申候大正六年の十二月十七日に東京をたつて十八日夕長崎に着きしゆゑ丸二年に相成申候、この春御いでの節は鑑定と、妻と喧嘩して東京にかへし気くしやくやの折にて、今から思ふと残念な事のみ多く候、もつと何とかくりあはせて遊ぶ工合あつたものと存じ居り候この次御いでの節は大に遊ぶつもりに御座候大阪毎日にて拙著御褒めにあづかり、長崎にて大に面目をほどこし申し候御同情深く深く感謝たてまつり候同僚も大家あつかひにするに相成申候》

「この春御いでの節は」とは、大正八年五月初旬、芥川が菊池寛とともに来遊した折のことで、茂吉は仕事（鑑定書作成）で忙しくて、「遊ぶ」ことができなかったのを残念に思ったと述べているのである。「この次御いでの節は…」と述べているが、大正十一年（一九二二）五月、芥川は長崎に再遊し、二十日間ほど長崎に滞在した。丸山の料亭で遊び、芸者・照菊と親しくなったのだが、このとき、茂吉は長崎を去り、ヨーロッパに留学中だった。芥川は大正二年（一九一三）刊行の茂吉の歌集『赤光』を高く評価しており、専属契約を結んでいた『大阪毎日新聞』紙上で褒めたたえたのだろう。茂吉はそのことを感謝しているのである。長崎在住の歌人たちの間では茂吉を、柿本人麻呂、西行法師以来の大歌人と評価する向きもあったようだ。

大正九年（一九二〇）三月十五日付の芥川宛書簡で、茂吉は永見家のことにふれている。

《拝啓その後御ぶさたに打過申候御高著御恵送にあづかり忝く御礼申あげ候先日吉井君が長崎に御いでになりし時永見夏汀さんの処にまゐり御高著を見て小生も一本贖《あがな》ひ申候》

「先日吉井君が長崎に御いでになりし時」とは、歌人・吉井勇が永見邸に滞在していた大正九年二月下旬から三月上旬だったことを示している。吉井勇が後年に発表した随筆のなかでの記憶違いから五月という説があるが、それは間違いであることがこの書簡からもわかるのである。

『斎藤茂吉全集』第四巻の「短歌拾遺」大正八年の部に〈十一月十九日芥川龍之介氏

宛〉と前書を付けた二首がある。「長崎の寺のいらかに降るしぐれ音のかなしさを君知らざらん」「しみじみと文読みし後にはりつむる心おこりくるを君に告げなむ」。さらに「短歌拾遺」大正九年の部に、〈芥川龍之介菊池寛氏宛〉として次の一首がある。「君が見しゆく春よりも寂しきは山里むらの冬がれのいろ」。大正八年の茂吉と芥川の長崎での初対面は、茂吉にとっても芥川にとっても印象深いものだったのだろう。

大正十四年と昭和十四年にも長崎を訪問

斎藤茂吉は長崎滞在中、長崎図書館でおこなわれていた歴史談話会で長崎の郷土史家と懇談した。そのなかには図書館司書・奥田啓一や古賀十二郎や永見徳太郎らがいた。長崎高等商業学校教授の武藤長蔵とは、中国料理店・四海楼でよく飲食し、そこの看板娘・陳玉姫と噂をたてられることもあった。大正八年（一九一九）十月二十七日、長崎医専の運動会に、玉姫は弁当を作って斎藤茂吉教授の応援に駆けつけたという話もある。

大正九年（一九二〇）は当時猛威をふるったスペイン風邪に茂吉もかかり、肺炎を併発して苦しんだ年である。自宅療養や県立長崎病院に入院したり、雲仙、唐津、佐賀県古湯温泉などに転地療養をしたりしている。そのとき、世話になったのが内科医・高谷寛であった。高谷は医専の学生らの短歌誌『紅毛船』のメンバーで茂吉に歌の指導を受けていた。昭和二十年八月九日の原爆投下で長崎医大は直撃を受け、高谷寛も死亡したのだった。

大正十年（一九二一）三月十六日、茂吉は午後十一時発の列車で長崎を発ち、途中、九州、四国、近畿などに立ち寄り、三月三十日、東京に帰着している。

斎藤茂吉はその後、大正十四年（一九二五）と昭和十四年（一九三九）に長崎を訪れている。昭和二年九月一日の『斎藤茂吉日記』に「震災記念写真展覧会ヲ見ル。ツマラヌ。シカシ永見夏汀君ニアヒタルハ気持ヨカリキ」とある。昭和五年（一九三〇）六月二十八日、永見徳太郎と銀座フネフネで会食すると、『斎藤茂吉日記』に記されている。永見徳太郎上京後も徳太郎と茂吉の交際はあったわけである。昭和二十八年（一九五三）二月二十五日、斎藤茂吉は心臓ぜんそくにて死去。数え年七十二歳、満七十歳九カ月であった。

長崎にもっとも親しんだ歌人・吉井勇

大谷利彦の著書正編の273頁には次のように記されている。「大正九年（一九二〇）二月に、吉井勇が長崎へ来た。到着の日は不明であるが、長崎図書館の芳名録に二月二十六日の署名がある点から判断して、同月下旬から三月上旬にかけて永見の客となったと推定する」。吉井勇にとって、明治四十年夏の「五足の旅」以来の二回目の長崎訪問だった。

この二回目の長崎訪問のときは、十日間ほど銅座町の永見邸に滞在した。昭和三十一年（一九五六）四月岩波書店から発行された『斎藤茂吉全集』の月報に、吉井勇は「交遊縷《る》の如し」と題する文章を載せている。茂吉との親しい交遊を述べた文章であるが、そこでは「それはたしか大正八年五月のことで、私は九州旅行の途次長崎に寄つて、そこに十日間ほど淹留《えんりゅう》したが、」と述べているが、これは明らかに吉井勇の記憶違いで、正確には大正九年の二月下旬から三月上旬にかけてのことだった。「その時茂吉君は長崎医学専門学校の教授をしてゐたので、毎日のやうに私の泊まってゐた銅座町の永見徳太郎の家をたづねて来てくれた」の箇所はその通りであろう。

吉井勇が大正九年十月二十八日に、伊豆修善寺の宿から徳太郎に送った手紙の一節に、「かねて御約束の長崎百首唯今御送付申上候間何卒御落手を願上候」とあるそのなかから、茂吉との交遊を示す歌を二首記しておこう。

「長崎の茂吉はうれし会へばまづ腎の薬ををしへけるかも」

「病みあがりなれど茂吉は酒飲みてしばしば舌を吐きにけるかも」。


吉井勇はその後、昭和五年（一九三〇）、昭和十一年（一九三六）と長崎を訪ねている。戦後も昭和二十七年（一九五二）五月、聖福寺の「志やがたらお春碑」の除幕式に夫人同伴で出席。昭和三十一年（一九五六）五月、古賀迎仙閣での歌碑除幕式に出席。昭和三十四年（一九五九）三月、稲佐山の歌碑建立場所の下見のため来崎。翌三十五年（一九六〇）の十一月十九日、七十五歳にて死去。


吉井勇の歌碑は長崎市内に五基残っている。長崎を詠んだ歌は二百首にも及ぶと言われ、長崎にもっとも親しんだ歌人だった。永見徳太郎や斎藤茂吉に関連する歌二首を挙げておく。

「長崎の夏汀の家の南蛮の屏風をおもふ夏のゆふぐれ」

「長崎に茂吉のありしころ恋し今も忘れず丸山の酒」。

平福百穂の長崎滞在

『アララギ』の歌人で日本画家の平福百穂は大正九年（一九二〇）十一月二十日来崎、一週間ほど滞在した。斎藤茂吉は大正九年十一月八日、大分県の中津に滞在中の百穂宛てに長文の手紙を送っている。そこには永見徳太郎の家を宿とすることを勧めている。そのなかの一節を抜き出すと次のようである。

《長崎に永見夏汀といふ旧家ありて、これまで洋画家や碧梧桐や吉井勇、夢二等も青楓も浩一路らも皆とまり居る処にて、今度も是非宿をしたいと頼まれ申候。そこは日を暮らすには気持よく御座候、又いろいろの絵あるゆゑ、一寸御らんになるには便利に御座候》

この百穂宛て書簡の二日前（十一月六日）に、茂吉は徳太郎に対して、百穂来遊の件で返信を出している。徳太郎から申し出があったのだろう。その手紙には次のようなことが書かれていた。「長崎を見るよりも大村を訪ねたき心組らしく御座候まゐり候節は是非御厄介ニなりたく懇願奉り候たゞ百穂さんはこつそり旅行して歩きたがる人ゆゑその辺も」「小生儀永らく養生転地いたし御無沙汰ニ打過申居候以御蔭全快帰宅仕り候九日の夜は図書館にて御目ニかゝりうる事も楽しミ居り候、其の節ロダンの写真帖を御持参し被下度《くだされたく》、只今より御願いいたし置候」。

大正九年一月、スペイン風邪にかかって以来、茂吉は体調がすぐれなかった。二月二十四日、いちおう病気がよくなり出勤し始めたが、本調子ではなかった。六月二日、喀血《かっけつ》。以後、入院や転地養生をする。雲仙、唐津、古湯、六枚板、嬉野を巡り、十一月二日、病癒《やまい》えて出勤したのだった。

平福百穂が長崎滞在中、ずっと永見邸に滞在したかどうか、定かでないが、百穂、徳太郎一家、茂吉、林源吉、長崎在住の画家・大久保玉珉が永見邸の庭に集合して写した写真が存在する（大谷著正編248頁参照）。

第2節　芥川龍之介の来遊

菊池寛とともに最初の長崎訪問

芥川龍之介は大正時代に二度、長崎を訪れている。初遊は菊池寛を同行者として、大正八年（一九一九）五月のことだった。芥川は若いときから長崎の南蛮キリシタン関係のものに興味を抱いていた。例えば、第一高等学校第三学年の初め、すなわち大

大正８年５月、長崎旅行の折
左より菊池寛、芥川、武藤、永見徳太郎（永見邸にて）（長崎歴史文化博物館蔵）

正元年（一九一二）九月、芥川満二十歳のときの習作「ロレンゾオの恋物語」は、長崎に流浪してきたマンドリン弾きの異国人が長崎の娘に恋心を抱くという物語である。スタイルや内容は多分にアンデルセン作森鷗外訳『即興詩人』を模倣したところがあるが、長崎という場所に対する芥川の憧れが投影した作品であると言えよう。

大正八年（一九一九）五月の芥川龍之介長崎初遊以前の南蛮キリシタンものの作品には次のようなものがある。「煙草と悪魔」（大正五年十一月）、「尾形了斎覚え書」（大正六年一月）、「さまよえる猶太人」（大正六年六月）、「悪魔」（大正七年六月）、「奉教人の死」（大正七年九月）、「るしへる」（大正七年十一月）、「きりしとほろ上人伝」（大正八年三月、四月）。作家デビュー以来の初期の段階で、かなりの数にのぼる。そのうち、「奉教人の死」は長崎舞台の殉教者を主人公とした名作である。

芥川龍之介にとって、長崎はぜひ訪れてみたい土地であった。大正八年一月に豊前国（現在の大分県）の青の洞門を舞台とする「恩讐の彼方に」を発表した菊池寛にとっても、西国九州は行ってみたい土地であっただろう。芥川は海軍機関学校の教員を辞め、菊池は時事新報社記者を辞め、お互いに大阪毎日新聞社の社員待遇になったばかり、つまり作家専業になって初めての旅であった。二人は長崎銅座町の素封家で芸術愛好家・永見徳太郎邸を宿とすることになった。

来遊の翌月発表した菊池の「長崎への旅」と題する文章から抜き書きしてみる。

「永見氏は洋画家で俳人で而も少壮の実業家と云う可なり変った愉快な人である」

「永見の家で、平戸蘭館の図だとか和蘭船図などと云う南蛮趣味の汪溢《おういつ》して居る長崎絵を見せて貰った」。

芥川は五月七日付の自宅宛の絵葉書に次のように書いた。「長崎へ来た　永見さんの厄介になった　長崎はよい所にて甚感服す　支那趣味と西洋趣味と雑居してゐる所殊に妙なり異人、支那人多勢ゐる町は大抵石だたみ、橋は大抵支那風の石橋ロオマ旧教のお寺が三つある皆可成大きい…」。五月十日付松岡譲宛て絵葉書には、「長崎へすんでギヤマンを集めたり阿蘭陀皿を集めたり切支丹本を集めたりして暮らしたくもなったよ」と書き、長崎がたいそう気に入ったようだ。

芥川は五月四日東京発、五日長崎着、十一日か十二日に長崎を離れ、菊池は青の洞門の舞台の大分方面へ回ったという。芥川は大阪と京都で数日過ごしたあと、十八日に帰京している。翌十九日、南部修太郎宛ての手紙には次のように書いている。「長崎は好い所ですね大に感心しました聖福寺や崇福寺のやうな支那寺は殊に風流でよろしい唯非常に荒廃してゐるので気の毒ですあれはどうにかならないものですかな」。長崎の古い文化に対する懸念を述べているのである。

芥川龍之介の長崎初遊は一週間ほど永見邸に滞在し、永見徳太郎や周辺の人物に案内してもらった程度であったが、大正十一年（一九二二）五月の再遊のときは、渡辺庫輔の世話で本五島町の宿屋に二十日間ほど滞在する濃密な長崎経験となった。

渡辺庫輔との出会い

大正十年（一九二一）、三十歳の芥川龍之介は大阪毎日新聞社の中国特派員として中国に旅立った。三月二十八日、門司港を出帆して上海に上陸した。中国各地を取材して帰国したのは七月末だった。同年十一月、長崎の二十一歳の青年・渡辺庫輔が訪ねてきた。庫輔は少年のころから長崎郷土史を古賀十二郎から学び、大正七年（一九一八）長崎で斎藤茂吉に出会い師事した経歴の持ち主だった。茂吉の影響もあり、庫輔が好んだ文学者は森鷗外だった。とくにその史伝作品は庫輔の資質に合っていた。庫輔は上京するに際して武藤長蔵に紹介状を書いてもらった。そこには鷗外のほかに、芥川と菊池の名が記されていた。上京した庫輔は幸か不幸か、鷗外に会うことはできず、芥川龍之介と出会うことになった。

芥川は若い庫輔の学識に瞠目《どうもく》した。そして気に入った。大正十年十二月二日付の佐々木茂策宛ての書簡に次のような一節がある。

《この間渡辺与茂平先生が来て今代の活字本しか読まぬ事を痛歎《つうたん》してゐた　僕も活字本しかよまないが御つきあいに痛歎して置いた　与茂平は行年二十一才だが、中々見上げた学者だね　長崎史の通はさる事ながら　歌俳の事にも精しい男だよ　あゝ云ふ人間がゐるのだから古瓦楼主人（注：小島政二郎）などもしつかりせぬといかん》

大正十一年になると、芥川と庫輔は文通を始める。芥川は庫輔の文章を東京の雑誌『新小説』や『中央公論』に紹介する。大正十一年三月三十一日付庫輔宛芥川書簡には、「四月下旬か五月上旬頃長崎へ行きたいと思ひます　安い気楽な宿を世話して下さいさうしてあなたの鶴の前にも紹介してくれ給へ」「わたしは天の成せる駄弁家故長崎へ行けばあなたにも議論を吹きかけます　これは必中《かならずあ》てられるものと予《あらかじ》め覚悟をしてゐてください」とある。

芥川は長崎での庫輔との交遊を楽しみにしているのである。「鶴の前」は庫輔の恋人で丸山芸者の菊千代のこと。この前の書簡（二月二十六日付）で、芥川は「僕も丸山に鶴の前を拵《こしら》えたい」と述べているが、その希望が実は長崎滞在中にかなえられたのかもしれない。というのは、菊千代の姐《ねえ》さん芸者が「照菊」（杉本ワカ）だったからである。照菊は芥川が「河童屏風」を送った女性だった。

大正十一年、長崎を再遊

芥川が長崎再遊の旅に出立したのは、四月二十五日朝だった。途中、京都に滞在して親友の恒藤恭と交遊する。芥川が長崎に到着した日は定かでない。『芥川龍之介全集』（岩波書店、一九九八）の「年譜」では「五月十日までに長崎に到着」とある。

芥川著の「長崎日録」（大正十三年発表）五月十一日の条には次のように書かれている。「微雨あり。僕の宿、雨の至らんとする毎に厠の臭気二階に満つ。僕の長崎に客となるや、上野屋に泊らず、みどり屋に泊らず、わざわざ本五島町の旅籠に投ず。聊か風流の志あればなり。されどこの厠の臭気の油雲と共に至る時は殆ど風流を忘れんとす。……」。芥川が泊まった宿は、本五島町の庫輔の自宅、渡辺松寿軒の二軒先の花廼屋《はなのや》旅館であった。

「長崎日録」十三日の条には、次のように書かれている。

《早朝往来より声をかくるものあり。二階の障子をあけて見れば、馬に乗れる永見夏汀、馬丁と共に佇《たたず》みゐつ。午飯を食ひにきませんかと云ふ。宿の飯には辟《へき》易《えき》せる際なり、後刻参上の旨を答ふ。午頃夏汀の家に行けば、夫人、今朝は御宿へ参りましたらうと云ふ。昨日も参ろらうと致したのださうですが、馬が参らなかつたさうでございますと云ふ。それから馬丁を呼びましてあちらへ馬の参るやうに馴らせて置けと申して居りましたと云ふ。夏汀は馬を駆るに非ず。馬に駆らるるものの如し》

馬上の徳太郎
（大谷喜江氏提供）

資産家の永見徳太郎（銅座町の殿様と呼ばれていた）が馬に乗って市中を散歩していたことは長崎で有名なことだった。しかし、龍之介は徳太郎の乗馬術を皮肉っているのである。龍之介は長崎滞在中、昼食は永見邸で取っていたようだ。銀子夫人のおいしい手料理が待っていたのだろう。

「長崎日録」五月十七日の条に「夏汀の家に竹田、逸雲、梧門、鉄翁、熊斐、仙崖等の日本画家、江稼圃、沈南蘋、宋紫石、胡公寿等の支那画家を観る。…」とある。財力で美術品を買い集める永見徳太郎を芥川はうらやましく思ったかもしれない。「夏汀又鉄翁の硯《すずり》を蔵す。もと竹田の贈る所。石薄うして反りかへれるさま、如何にも洒落《しゃれ》たる硯なり。僕大いに欲しがれども、夏汀更に譲る気なし」の記述がある。

徳太郎から「仙崖和尚筆鍾鬼乃図」を入手

「長崎日録」五月二十二日の条には次のように書かれている。

《夏汀の家に双樹園主人（注：林源吉）と遭ふ。夜、数人と鶴の家（注：丸山の待合）に飲む。林泉の付置、東京の料理店に見ざる所なり。春夫（注：蒲原）酔ふ事泥の如し。妓の侍するもの、照菊、菊千代、伊達奴等、戯れに照菊に与ふ／萱草《かんぞう》も咲いたばってんわかれかな》

蒲原春夫は芥川が去ったあと、渡辺庫輔とともに上京して芥川宅の近くに下宿して文学修業した人物である。芥川の死の直前（昭和二年）帰郷して、書店経営、市会議員、地方作家として活躍した。渡辺庫輔は東京での文筆家としては成功しなかったが、長崎では古賀十二郎の後を継いで長崎郷土史の大家となった。

鶴の家で照菊らを相手に遊んだ五月二十二日に、芥川は徳太郎に手紙を書いている。その内容は「長崎条約書我鬼国提案」と題するもので、谷崎潤一郎、高浜虚子、菊池寛、室生犀星らの原稿、および漱石の短冊一葉と「仙崖作鍾鬼之図」と交換しないかという提案だった。徳太郎は原稿収集の人であったので、これらと交換して芥川は、「仙崖和尚筆鍾鬼乃図」を手に入れることができたのである。

大正十一年五月二十四日の実家の父・芥川道章宛の書簡には、長崎滞在が長くなったが、書画の類など得るところが多かったと述べ、永見夫人に袷の着物の世話になったことを伝える。「一日に一食は必永見家にてしたたむる始末、今日などは朝夕共御《ご》馳走《ちそう》になる、その為永見家は殆小生の宿の如しこれ一重に永見夫婦の客好きの致す所と感佩《かんぱい》至極に有之候」と書かれている。

芥川の描いた「河童屏風」

照菊に贈った「河童屏風」の件は、永見徳太郎が芥川の自殺後まもなくの『新潮』

昭和二年（一九二七）九月号に発表した文章「芥川龍之介氏と河童」に詳しい。それによると、徳太郎は河童の絵を描いてもらおうとしていた。

「氏は、創作をされる時と同じ様に気分を落付けて、筆を卸して居られたが、一枚を破り二枚を破り、三枚目に、『もう労《つ》かれてしまった……明日書きましやう。』と言つて筆を投げてしまわれた。…（中略）…翌日お昼過ぎに、芥川氏は大急ぎで、『大筆と唐墨を貸しませんか？』と言はれるので、昨日約束の河童を大幅に描かれる事であらうと、紙迄添えて出すと、芥川氏の癖であるところの長髪を、一度左手にてなであげ、右手には、唐墨と大筆を摑《つか》むにやうに、懐に捩込《ねじこ》み、脱兎《だっと》の如く戸外に出られた」。

同年八月、徳太郎は丸山から小島の坂を下っているとき、驟雨《しゅうう》に遭った。雨宿りに寄ったところは、名妓照菊の住居であった。

「座敷に通ると、是は驚いた、二枚折銀屛風が、燦然と光つて、その周囲の三味線や、鏡台の艶《なま》めかしい調子を打毀《うちこわ》すかのやうに、筆力雄大な水虎晩帰之図が目立つのであつた。／唐墨、大筆は、此家に役にたつたのである」。

徳太郎の記述によると、墨と筆を芥川自身が借りていったことになっているが、渡辺庫輔が昭和二十六年七月二十五日の『長崎民友新聞』に載せた文章「芥川龍之介の

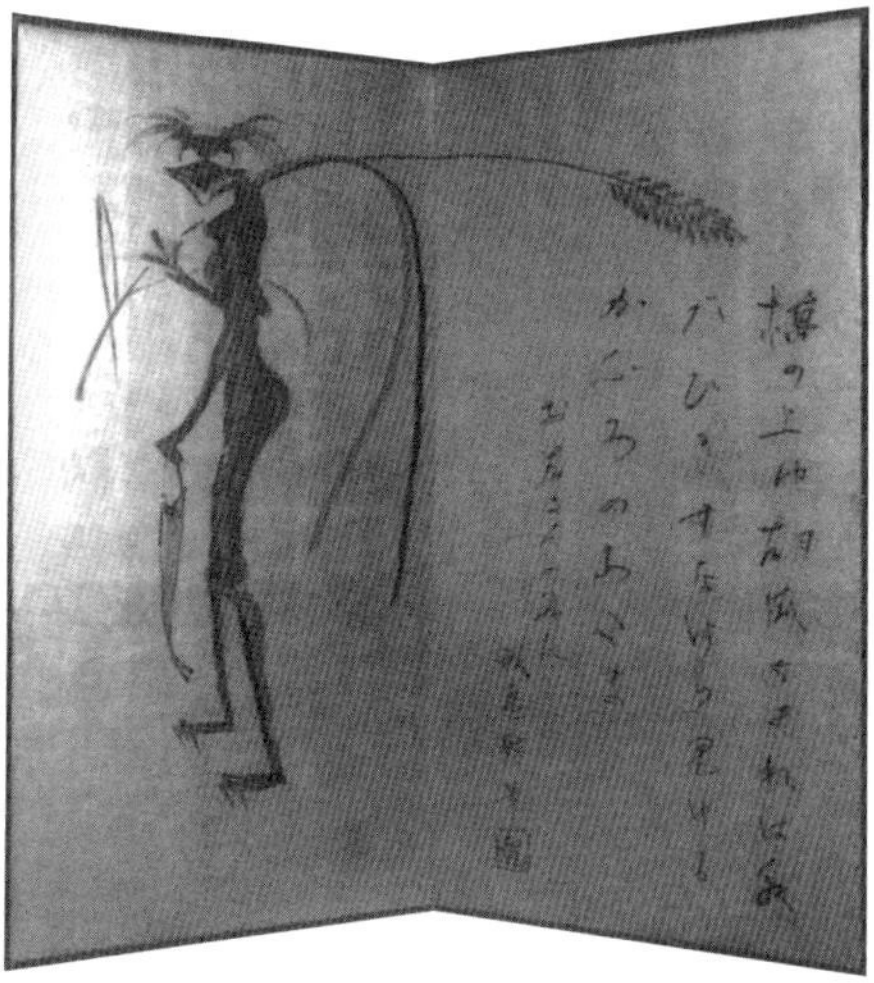

照菊（杉本ワカ）に贈った河童屏風（長崎歴史文化博物館蔵）

横顔」では次のように書かれている。

《永見徳太郎もまた、芥川先生に大きなものを描いてもらうつもりでスズリと筆とを用意していた。わたしは永見のうちに行ってそれを借りて来て、菊の家で墨をすった。こうして出来上がったのが、今日の河童屏風である。屏風には、芥川先生のひざがしらのくぼみがついていた。今日これは殆んどわからなくなった。それから指紋が残っていた。これは今日もまだ見ることが出来る》

『長崎郷土物語』（昭和二十七年）の著者・歌川龍平（蒲原春夫の筆名）は、「その屏風が出来上がるとき、渡辺庫輔、蒲原春夫の二人が手伝い、まもなく二人とも芥川氏を慕って上京したのも、今は古い思い出となりました」と述べている。

芥川龍之介は、大正十一年五月二十九日午前十一時二十五分発の汽車で、長崎を去った。「駅頭に見送りに来た人は、林源吉、蒲原春夫、永見徳太郎、それに菊本の女将（当時の照菊）、おはまさん（菊千代）とわたしの六人であった。芥川先生は汽車の窓から『唐竹も松留の花もさやうなら』という句を名刺のうらに書いてわたしに渡された」と渡辺庫輔は「芥川龍之介の横顔」に書いている。

芥川が長崎を去ったあと、庫輔と春夫は上京して、芥川の周辺で文筆活動を始めた。大正十五年（一九二六）三月、永見徳太郎が長崎を引き払って東京に移住したのも、その刺激があったのかもしれない。大正十四年（一九二五）冬、永見徳太郎は上京して芥川宅を訪ね、東京転住の相談をしたのだった。そのとき、芥川は徳太郎に「君、長崎を引払ふなら、早やく決行する方がよい、君が来ると賑やかになるだらう」と語ったという。

第3節　数多の文人往来

文人との往復書簡

『長崎市立博物館々報』第十四号・十五号（昭和四十九年二月・昭和五十年三月発）に、越中哲也の「夏汀永見徳太郎書簡（其の一）（其の二）」が掲載されている。それは永見徳太郎宛てに送られて書簡の紹介の文章である。

「夏汀は当時の文化人との交際は広く其の来訪者名簿は、『其日帖』と名づけられ現在市内某家に収蔵されている。夏汀はこれ等文人との往復書簡を尺牘《せきとく》集五冊に収めて保存していた。夏汀はこの五冊の尺牘集と多くのハガキを博物館台帳によれば昭和二十六年八月長崎市立博物館に寄贈している」と越中は述べている。尺牘とは、書簡の意味である。

徳太郎は昭和二十五年（一九五〇）十一月、熱海で失踪しているので、昭和二十六年（一九五一）八月は「失踪後永見家に実際に金が支払われた年月に合わせたものであると島内先生は語っておられる」と越中は述べている。島内先生とは当時博物館勤務の島内八郎である。長崎版画の版木を長崎市に寄贈する代償として、市から三十万円送金することになっていて、「夏汀はこの送金のことを非常に嬉んで版木に添えて書簡集も併せて送ってきたのであるという」と越中は書いている。

大谷利彦はその著正編の冒頭をこの書簡集のことから始めている。この書簡集は文面から推して、明治末年（一九一二）以降、大正十四年（一九二五）までの期間のものと考えられるとのことである。その数は約三百二十通。

「ここには、大正時代を中心とする長崎近代芸術の開花、展開の模様がうかがわれ、在京画家、文人、学者、思想家、俳優などの長崎へのかかわりかたと、それに対する長崎人の対応の実体が浮きぼりにされている。これはまた、古き良き時代とよばれる往年の長崎人気質や、人情や、風俗習慣など、さまざまなものをさながら万華鏡のように、色あざやかに映し出して見せるのである」と大谷は述べている。

『尺牘集』は徳太郎が上京以前の、すなわち、長崎市銅座町在住の時の書簡集であるが、上京後の書簡も博物館に二百十六通保存されているとのことである。市立長崎博物館の資料は現在、長崎歴史文化博物館に移されているわけであるが、ここでは私たちは越中の紹介文と大谷著のなかの引用文を参照し、とくに文人と徳太郎の交渉について考察してみたい。

文人といっても、小説家、劇作家、詩人、さらには学者文人、編集者などが含まれるだろうが、徳太郎は小説家の原稿を求め、贈り物をしているのが印象的である。また、自分の作品を送ったりしているのも、徳太郎が作家志望を抱いていたからであろうか。

菊池寛に戯曲作品を送付

大正八年、芥川と菊池が永見邸を訪れているが、それから一ヵ月あまりが過ぎた六月二十九日付の菊池寛の書簡には次のようなことが書かれている。
《拝啓　非常に御無音に過ぎ相すみません。実は長崎より帰京後丹毒類似の腫脹に犯され一月ばかりも顔に繃帯《ほうたい》したり何かしまして何も出来ない不快な日がつゞきましたので、原稿も書けず手紙もかけないやうな次第でまことに失礼しました。御送付の脚本も実は左様な有様でまだゆつくりとは拝見して居ない次第でありますす、いづれ小閑を得次第拝見の上、小生にて充分手を入れた上恰好の雑誌に発表したいと思ひます。新小説は編輯者と少し感情の行き違ひがあつて僕の手から一

すうまく行きさうもありません。『解放』『改造』などがいゝと思ひます。…》
徳太郎が送った脚本とはどのようなものだったろうか。大正九年（一九二〇）六月七日付の徳太郎宛て菊池書簡には次のようなことが書かれている。
《拝啓お手紙拝見しました。永い間御無沙汰して相すみません。その後、益々《ますます》御活躍のことゝ拝察して居ります。／『絵踏物語』は最近再読、非常に面白いとは思ひますがどうもあのまゝでは何処へも出せません。少くとも百枚近くは書き直さなければ、駄目だと思ひます。それに御存じの通り、小説よりも戯曲の方がより以上に発表しにくいもので、新しい人の名前では（二三交渉して見たのですが）引受けて呉れないのです。／有佐の芸の力を幕府が恐れるところなどは、非常に面白いところですが、あなたのお作では、ホンの一部しか出て居りませんので大変惜しいと思ひます。／如何でせう。あの題材を充分僕に書き直させて下さることは出来ないでせうか。そこで僕の名前で発表して、（此戯曲は永見徳太郎氏原作に依ったもので、題材及び構想の功績は原作者に負ふ）と云つたやうな断り書をつけて出すか、でなければ菊池寛永見徳太郎合作（もし雑誌の方で承諾すれば）にしてもいゝと思ひますが、如何でせう。／あのまゝでは、とても出せないと思ひますが、断り書の方にして下されば、直ぐにも発表しまた上演も確かですが、然し貴君としては貴方の名前を出したいとお考へになるだらうと思ひますから、僕としては強ひてとは申しませんが、とにかく題材だけは立派なものですから、あのまゝにして置くのは大変惜しいと思ひます》

さらに大正十年（一九二一）七月三日付の書簡の冒頭でも、菊池寛はこの戯曲作品のことに触れている。「拝啓　久しく御無沙汰してゐます。絵踏物語はその後幾度も書かう（此の六月の改造に書かうと思つて一週ばかり考へたのですが）と思ひながら、まだかけず居ります。…」。結局、この「絵踏物語」は陽の目を見ることはなかった。しかし、これが長与善郎作『青銅の基督』の材料になったことは確かであろう。

長与善郎『青銅の基督』は徳太郎の話が材料

白樺派の作家・長与善郎が永見邸を訪れたのは、大正十一年（一九二二）九月十九日だった。十九日と二十日と二泊している。これに先立つ大正十一年四月二十二日付徳太郎宛長与善郎書簡では、徳太郎の求めに応じて原稿を譲る旨を述べたあと、「新しき村」訪問の途次、長崎へ立ち寄る希望を述べている。長与家は大村藩侍医の家系で、善郎の父・長与専斎は、明治初期衛生行政の基礎を築いた人物であった。長与善郎の長崎来遊のことを記した紀行文「九州と朝鮮」（大正十二年一月発表）の中に次のような記述が見られる。

《永見氏は有名な蒐輯家である。それもエキゾチックに特別な趣味を持つての蒐輯家である。だから長崎へ来て長崎の特色を見識るのには、永見氏がさう云ふエキゾチック蒐輯家であつてくれる事は非常に都合がいい。長崎にしかない、而も今の長崎では手に入らぬ珍物を次から次と見せて貰ふ。ギヤマンや、和蘭焼、銅絵や、長崎の文人画や、支那のものや、印度、南洋のもの、それらはとても一朝一夕に見切れるものではない。氏はそのコレクシヨンをいつか長崎市にそつくり寄付すると云つてゐたが、本当にさうするとい丶と思つた》

《長崎研究は中々面白い。そこにはたしかに日本歴史の中で最も精神的に光った、異彩ある劇的な史実がある。そしてそれは近世である丈にその頃の人間の思想や、人情も比較的今日の吾々に近く、それ丈に又写実的に扱ひ易いのである。／永見氏から聞いた南蛮鋳物師萩原祐佐の話は面白いと思つた。いつか書いて見ようと思つた》

長与善郎は長崎滞在中に、永見徳太郎から萩原祐佐の話を聞いたのである。それは徳太郎の草稿戯曲「絵踏物語」の主人公の話であろう。長与善郎は徳太郎から聞いた話を材料にして小説『青銅の基督』（大正十二年一月『改造』に発表）を制作したわけである。大正十一年十月十五日と推定される長与の徳太郎書簡では、徳太郎が長与に自分の原稿「天草の女」を送ったことと、長与の創作のために参考書を送ったことが記されている。その書簡のなかには次のような一節がある。「大体から云うと貴方の書かれる作品は芥川君や久米君や里見に見せるのが適当で僕は少し不適者と思います。ですから今後はそう云ふ人達に相談をされ又作を見せられる事をおすすめします」。

長与は大正十一年十二月六日付の書簡を徳太郎に送っている。そこには、次のような記述が見られる。「『改造』の小説は百七十枚の長篇になりました。僕の小説中での白眉です。僕がいかにあの材料を構図したか、生かしたか／深く、強く、美しく、大きく色彩つたか、それを見て下さい。全く自信があるのです、…（中略）…借用したいろいろの参考書は近日中にお返へしします」。

長与善郎は徳太郎より話を聞き、参考書を借り、『青銅の基督』を書いた。その作品を自分でも自信作と評価しているわけである。

大泉黒石の永見邸訪問

長崎市出身で日露混血の作家・大泉黒石が永見邸を訪れたのは、大正十一年三月であった。大泉黒石の経歴は、長崎の鎮西学院を卒業のあと、三高、一高に学ぶとあるが、前の章でも述べたが、海星学園ともなんらかの関係があったのかもしれない。徳太郎と黒石は当初、面識がなかったが、徳太郎は黒石の原稿を求めた。それに応じたのが、大正十一年一月九日付の書簡である。そこには、古い原稿を分けていただきたいとの希望に答えて送ること、序文の件は光栄であることを述べている。三月には墓参のため帰省するので、その折、お目にかかりたいと記されている。序文とは徳太郎が計画していた異国関係史料目録の本であろう。複数の人（宇野浩二など）に依頼していて、芥川龍之介は大正十一年一月十二日付の返信で、「…序文の件は小生の任ではありますまい小生は歴史の知識などないから書いた所で仕方がないのですそれよりも渡辺与茂平先生にお書かせなさい…」と述べている。

大泉黒石の徳太郎宛て第二信は、二月二十六日付である。三月三日、東京を出発し、門司を起点に五カ所で講演、長崎到着は十二日の予定といった内容であった。実際に黒石が永見邸を訪れたのは、予定より早い三月八日のことであった。

黒石は帰京後の三月十九日、徳太郎に礼状を出し、長崎図書館での講演写真が欲しいから、長崎日日新聞社に送ってくれるように頼んでいる。四月一日付の書簡では、「御手紙と写真有り難う。長崎紀行は三四日のうちに書くことにしてゐます」とある。四月十六日付書簡では、徳太郎が染筆を依頼していた団扇《うちわ》と、短冊、俳句を送付したことなどが記されている。こう見てくると、黒石は徳太郎を気に入ったようだ。

大泉黒石は翌大正十二年（一九二三）四月にも、ふたたび徳太郎邸を訪れている。そのときは妻子連れで、坂本屋旅館に滞在していた。そのとき、ダダイストの辻潤も長崎に来ていて、徳太郎、黒石、辻潤、図書館の増田廉吉らとカイダ・ホテルで晩餐を食べた。カイダ・ホテルは大浦十番にあったホテルであった。翌日は、大泉黒石の歓迎会が出島の中国料理店・東亜館で開かれ、辻潤も出席した。

谷崎潤一郎からの文通の手紙

『尺牘集』には徳太郎宛て谷崎潤一郎書簡が六通ある。最初のものは大正十一年（一九二二）四月二十一日のものである。「あなたの事は長野君からも芥川吉井君からもきいて存じて居ります。…御申越の原稿は唯今中央公論社へ問ひ合はせて居りますから回収出来たらば差上げます、…」。長野君とは、日本画家・長野草風のことである。

第二信は大正十一年四月二十六日付。「お手紙拝見、カステラ唯今着きました、有難く御礼申します、短冊や団扇も着きましたが、生憎《あいにく》団扇の所が折れてゐました、折れて居ても別に差支へはあるまいと思ひますから、悪筆でも構はなければそのうちに書いてお送りいたします、以上」の文面。

第三信は同年六月三十日付。「今日御はかき拝見しました『お国と五平』を差し上げるつもりで原稿紙戻りましたから唯今此手紙と同時に小包郵便で御送りしました…」の文面。

この前後と思われるが、封筒の消印の文字が判読できず、年月不明の書簡がある。「相州鎌倉　海浜ホテル方　谷崎潤一郎」とあるので、ホテル滞在中に投函した書簡と思われる。「御ハガキ拝見いたしました。／長崎へ行かう〳〵と思ひながらつい原稿の催促に追はれて、行かれずにゐます。目下も当地へ来てせつせと書いてゐるやうな始末です。……あなたは来月御上京との事多分その時には横浜へ帰つて来てゐることと存じますが一応その節ハガキにて拙宅へ御問ひ合はせの上御来駕願ひます。是非御目にかゝりたいものです」。

大正十二年（一九二三）十月七日付の葉書は震災見舞いの礼状（印刷）。

大正十三年（一九二四）十月十日付の封書は、従兄が家族を引き連れてブラジルへ移住するので、名誉領事の徳太郎に便宜をお願いしている内容である。

大正十五年（一九二六）一月六日、谷崎潤一郎は神戸港から出航、二度目の中国旅行に旅立った。途中、長崎に数日滞在。永見の『其日帖』の署名は「正月八日」となっている。一月十二日には、長崎市大浦ジャパンホテルの便箋を使って京都の浜本浩に封書を送っている。谷崎は十三日発の長崎丸で上海に向けて出港した。帰りも長崎に立ち寄ったかもしれないが、そのあたりのことは不明である。

徳太郎は昭和十五年（一九四〇）八月から九月ごろから十九年四月まで、神奈川県足柄下郡吉浜海岸（現在の湯河原町吉浜地区）に住んでいた。昭和十七年四月十四日付の熱海市在住の谷崎潤一郎から永見徳太郎に宛てた郵便葉書が県立長崎図書館に収蔵されている。この件については、後述する。

徳太郎の交際範囲の広さと筆まめな性格

南蛮研究家で言語学者の新村出は、『心の花』大正十三年（一九二四）正月号に載っ

大正10年5月17日、徳富蘇峰夫妻を迎えて、永見徳太郎邸
右端徳太郎、石橋忍月、武藤長蔵らも写っている。
中央徳富夫妻、左から2人目永見夫人、子供は長女トキ長男良
（八女市黒木町「石橋忍月文学資料館」蔵）

た文章「長崎再遊」のなかで、大正十二年（一九二三）十一月十二日、永山時英（長崎図書館館長）、武藤長蔵、それに初対面の永見徳太郎らを交えて浦上でキリシタン史料を見学したあと、永見邸に招かれたことを述べている。その叙述の一部を引用する。

《その夜は銅座の永見氏に招かれて吉利支丹の遺品の外、かなり古い外国貿易を描いた大幅の軸物を見ることを得た。単に一の風俗画としても貴重なものである。南蛮屏風とは趣もちがひ、海岸（堺あたりといへばいへる）に濱して貿易

永見家座敷・左から徳太郎、林源吉、武藤長蔵、銀子、六人目逍遥妻のセン
八人目坪内逍遥、本山桂川、古賀十二郎、石橋忍月（三宅トキ氏蔵）
（大谷著「正編」p301 より）

の商店が軒を並べ、外人の来住商売する有さまは稀代の光景を呈してをる。南蛮屏風の如く一方に伴天連《ばてれん》どもを配置してないのも面白い。／かゝる異国情調にひたつて一夕を語り更かすと、何やらどこからかラベイカの一ふしでセレナードでも聞こえてきさうだ。銅座から上野屋まで帰つてくる長崎のノクターンは夢のやうであつた。…》

国民新聞を発行していた徳富蘇峰・静子夫妻が旅行の途中、長崎に立ち寄ったのは大正十年五月中旬だった。徳富夫妻は上野屋に数日滞在していたが、五月十七日、永見徳太郎は夫妻を自宅に招待し手厚くもてなした。徳富蘇峰とは徳太郎が上京した後も親しく交際した。

大正十年（一九二一）八月、久米正雄、里見淳、宇野浩二、直木三十五、加能作次郎、佐々木茂策、片岡鉄兵の一行が文芸講演会のため来崎した。この件に関しては、菊池寛が前もって、徳太郎に手紙を送って世話をお願いしている。菊池も来る予定だったが、急用で来れなかった。一行の文芸講演会は桜町の商業会議所で催され、その夜、富貴楼で歓迎会が開かれた。宇野浩二の回想紀行によると、一行は永見家に招待され、美術品を鑑賞し、長崎料理の接待を受けたあと、徳太郎の案内で市内見物をしたということである。

大正十一年（一九二二）十月下旬、坪内逍遥夫妻が長崎を訪れ、永見の客となった。『東洋日の出新聞』は十月二十八日付の紙面に、「永見邸や鶴の枕／坪内逍遥博士／大盛況の講演会」の見出しでそのことを報じた。

大正十二年（一九二三）九月一日、関東大震災が起きる。その十日ほど前に、永見徳太郎は上京して芥川龍之介に会っている（大谷著続編142頁参照）。何の相談だったか定かでないが、自らの原稿が中央の雑誌社に掲載されることを依頼するために面会したのであろうか。

関東大震災に際して徳太郎は、在京の知己多数にお見舞いの手紙や物品を送った。それに対する礼状や返信が『尺牘集』に四十通近く保存されているという。それは徳太郎の文化人との交際範囲の広さと筆まめな性格を示していると言えよう。

大正十二年十二月二十五日、徳太郎は前々から話のあったブラジル国名誉領事に任命された。ブラジルは旧ポルトガル領で、徳太郎の南蛮美術研究が関係しているものと思われる。永見邸内にブラジル国旗を掲揚することとなった。

第4節　永見徳太郎の文芸作品

最初の戯曲集『愛染艸』

『尺牘集』の文面からうかがえるように、徳太郎は作家たちにみずからの作品を送って批評や掲載依頼をしている。そこには、徳太郎の文筆立身の志があったように思える。菊池寛に送った戯曲草稿「絵踏物語」は、長与善郎の『青銅の基督』の素材になった。

徳太郎は大正十三年（一九二四）から翌年にかけて精力的に文芸作品を刊行している。列記すると、次の通りである。

大正十三年二月、最初の戯曲集『愛染艸』を京都の表現社より刊行。同年同月、第二戯曲集『月下の砂漠』を東京の人と芸術社より刊行。同年五月十二日、創作集『恋の勇者』を表現社より刊行。大正十四年（一九二五）、第三戯曲集『阿蘭陀の花』を東京の四紅社より刊行。

徳太郎の最初の戯曲集『愛染艸』は、県立長崎図書館に収蔵されているので、閲覧可能である。また、国立国会図書館デジタルコレクションでも公開されているので、自宅のパソコンからでも閲覧できる。所収作品は、「大時化《しけ》の後」「島原乱の一挿話」「女優の睨《にらみ》と女優の涙」「陶物師陳八官」「黒坊と悲哀」「東京文《とんきん》」「八岐大蛇」の七篇である。

初めに、「序のやうな会話」と題する文章がある。その一部を引用すると、次のようである。

《（客）君は戯曲集を出版するさうだね。（主人）うん、出す事にしてやっと原稿の整理が出来たところだよ。（客）いろんな事業に関係して居る忙しい身体なのに、よくそんな面倒臭い事をやるなあ。（主人）僕の性格として、忙しければ忙しいだけ、いろんな方面に手を出して見たいのだよ。多情多感の心理所有者だから。（客）アハ…、相変わらず永見式で面白い言葉だ。戯曲を書き初めたのはどんな動機が有つたのかい。（主人）戯曲を書く様になつた動機は、いろいろあるのだけれど、研究の第一歩をすゝめたのには、或異性の力が大をなして居るよ、僕はその異性に対して感謝して居る訳さ。（客）誰だい。（主人）誰でもいゝさ。異性と言ふからには、美しい艶麗な女と思えば相違なしさアハ…》

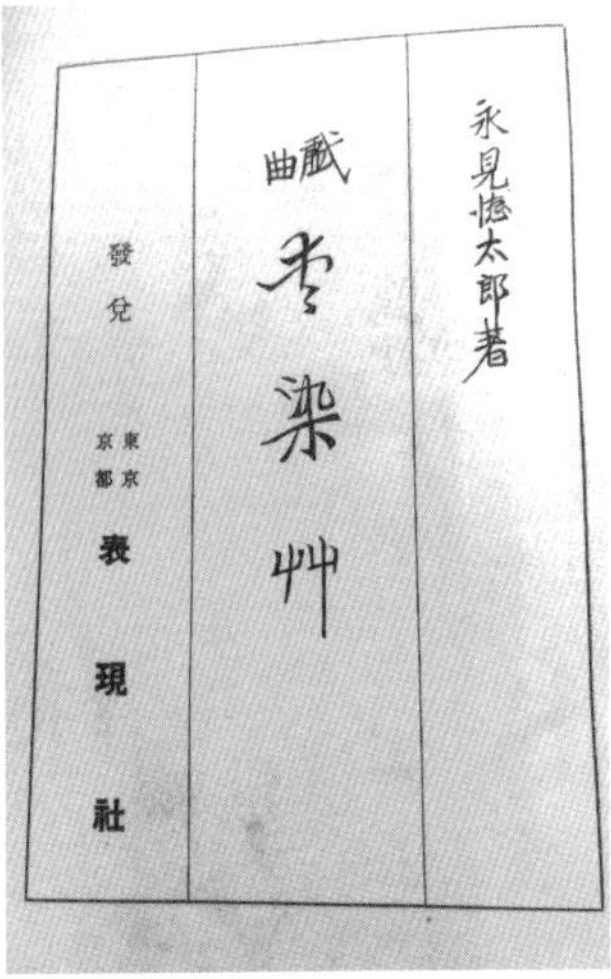

戯曲集『愛染艸』表紙
（県立長崎図書館蔵）

軽い調子の文章は、ある意味での徳太郎の文芸の主題を言い表しているのかもしれない。すなわち、「愛染《あいぜん》」という意味での主題である。「愛染」とは、辞書で引くと、「愛欲の煩悩《ぼんのう》から逃れられないこと」とある。徳太郎の私生活では、大正三年（一九一四）ごろ徳太郎の妾《めかけ》となっていた下谷の芸者・八千代（後年の映画スター酒井栄子）や愛人の帝劇女優・初瀬浪子との問題があろう。「女優の睨と女優の涙」はストレートにその問題に材料を求めた作品かもしれない。

「序のやうな会話」のなかの、主人のつぎのようなセリフにも注目すべきかもしれない。「僕の戯曲に就いては、もう一人感謝す可き人があるんだ。その人は海外貿易史料の大家古賀十二郎氏だ。この人は僕に何時も史談を惜しげもなく聞かしてくれるんだ、僕は此の古賀氏に依つてどれだけ、受けた力が大であるかといふ事を察つしてくれたまえ」。

　徳太郎の作品は長崎に関連する歴史に取材したものがあり、それは古賀十二郎の教示が大であったと述べているのである。「島原乱の一挿話」「陶物師陳八官」「黒坊の歓楽と悲哀」「東京文」は長崎地方史に取材する作品であることは言うまでもない。

「大時化の後」は長崎市郊外の茂木港の漁村を舞台とする一幕物である。方言のセリフが地方色を出している。丸山の芸者になりたい希望を抱いていた娘が、大時化のあとの遭難で命は助かったが船を失った親に許しを得るという話である。芸者出身の側室という女が登場して芸者の勧誘をするのだが、側室とは古い言葉である。妾のことで、「てかけ」とルビがふってある。

「島原乱の一挿話」は二幕二場の戯曲。原城に入城した鹿子木左京と立花という娘を中心とする物語。鹿子木は鉄砲の名手で、敵の総大将板倉内膳正を打ち倒す。しかし、立花は敵側の女で矢文を受け取り、最後は城内の総大将天草四郎を殺そうとして、首を刎《は》ねられるという結末である。立花は鹿子木に恋心を抱くが、相手にされないので、以前から恋しく思っていた寄せ手の側の山口八郎を喜ばせるため、天草四郎を撃とうと思ったと告白する。意外な展開は読者に理解されないかもしれない。

「陶物師陳八官」は二幕二場の劇である。舞台は肥前国彼杵郡現川《うつつがわ》村。陶物師陳八官は三十歳の朝鮮人陶工である。窯《かま》も弟子も多く、仕事も作品も認められていた。庄屋の娘おのぶに恋される身であったが、おのぶには隣村の庄屋の息子七之丞《しちのじょう》という許婚《いいなずけ》がおり、陳八官とおのぶの結婚にはいろいろと障害があった。陳八官は七之丞に切り殺される。陳八官が切支丹教徒だったので、七之丞は罪を逃れるであろうというところで幕となる。緊迫した恋模様が切支丹発覚になるところは唐突である。

第二戯曲集『月下の沙漠』

第二戯曲集『月下の沙漠』は第一戯曲集『愛染艸』の二週間後に刊行された本であ

戯曲集『月下の沙漠』表紙
（県立長崎図書館蔵）

り、これも県立長崎図書館に収蔵されているので、閲覧可能である。また国立国会図書館のデジタルコレクションからも閲覧可能である。所収作品は「星架坡の夜」「夢の高殿」「玄奘三蔵」の三篇である。

「星架坡の夜」はシンガポール（星架坡）の女郎屋が舞台である。日本人の娼婦たちはいわゆる「からゆきさん」である。長与善郎に見てもらった「天草の女」を改作した作品と思われる。日本から来た三四、五歳の炭鉱技師の梅原二郎は美貌の娼婦君子の身の上話に同情して、苦界から救い出すことを申し込む。しかし、君子の話はでたらめで、梅原は騙《だま》されていたのであった、というオチが最後の場面でわかる仕掛けになっている。君子は二郎に向かってはハンカチで涙をぬぐう格好をして、観客のほうにはほくそえみながら、舌を出す仕草を見せる。

徳太郎自身が地元の新聞記者に批評を頼んだのであろう。大正十三年（一九二四）

三月四日付の『東洋日の出新聞』に「夏汀君の戯曲」と題する記事が出ている。批評者によると、『愛染艸』よりは『月下の沙漠』のほうが良いとの評価である。「殊に『星架坡の夜』で二郎といふ青年が君子といふ醜業婦の身の上に同情して救い出さうとする結果が気に入った、それまで読む人もほん気に引摺られて行つたのが、肩すかしを喰つた態《てい》だ、…」と述べている。『月下の沙漠』の舞台はすべて異国である。大正五年（一九一六）のインド紀行の影響がいくらか出ているのかもしれない。

発禁処分になった創作集『恋の勇者』

創作集『恋の勇者』表紙
（国立国会図書館蔵）

大正十三年（一九二四）には、戯曲集に続いて、創作集『恋の勇者』が五月十二日付で刊行されている。所収作品は「序曲」「旧友の舞台姿」「臨検」「遊蕩児の良心」「享楽の日は続く」「或時の女優の家」の六篇である。最初と最後の作品は戯曲で、あとの四篇は小説である。この創作集は第一戯曲集『愛染艸』と同じく京都の表現社からの刊行であったが、発刊日から二日後に発売禁止処分にあった旨の電報が届いた。表現社では『恋の勇者』はすべて押収され、西陣警察署および府警察本部の高等課に召喚されること九回に及んだが、微罪不起訴処分で決着した。

発禁になった理由は風俗紊乱《びんらん》ということだが、表現の自由が許されている今日の眼から見ればたいしたことはない。発禁になった書物であるので、世に出回った数は少ないので、県立長崎図書館にも収蔵されていない。しかし幸いなことに、国立国会図書館デジタルコレクションで閲覧可能である。

『恋の勇者』所収六篇の主人公はすべて「松本丈一」であり、作者の分身と見てもよいだろう。「序曲」（或夜半の出来事）のなかで、主人公は次のようなことを語る。「しかし私は、恋愛心理をもって、此の世の中に於ける最も偉大なる哲学と思ひますよ」。『恋の勇者』の主題を言い表している言葉であろう。

「旧友の舞台姿」は、大阪商業学校時代の芝居好きの旧友が役者になって松本丈一宅を訪ねて来た。旧友・山道順三こと中村明右衛門が長崎の栄之喜座で出演するのを丈一は観る。彼は端役であったが自分の好きな道を懸命に演じていると丈一は感心するという話である。作者・徳太郎の人生観、芸術観が吐露《とろ》される叙述も興味深い。大阪商業学校という名称が出てくるので、永見徳太郎がそこに在学していたのかを思わしめるが、これはあくまでも虚構であろう。

風俗紊乱の廉で摘発されたと思われるのは「臨検」という作品であろう。京都に遊びに来ていた松本丈一は、祇園のところで、山縣有朋に似た老車夫の人力車に乗り、京都の町めぐりをする。そのうち安い遊郭はないかという話になる。「俺は一番安い所に行き度《たい》いんだよ」「平井町にしましょう」「ぢや、平井町に行かう」ということで、平井町の女郎屋で車を降りる。「芸妓、女優其他のありとあらゆる異性に飽き飽きした彼は、或る遊蕩的快楽を考えつづけて居た」とある。

入っていった遊郭は竹松楼。遊女の写真が二十三枚掲げられている。丈一はイッソ一番醜い奴をと探し、指名する。「醜女である筈《はず》の彼の敵娼《あいかた》が這入《はい》つて来た。丈一は一目見て驚いた、と言ふのは写真より四割ほどいい女であつたから」と叙述される。お酌《しゃく》をしてもらいながら遊女の話を聞く。隣りの客の唄が聞こえてくる。掛け合で丈一も唄を披露していると、突然、「臨検どつせ」と仲居が廊下で叫ぶ。刑事二人が踏み込んできたのである。

臨検とは何か。辞書で引いてみると、「行政機関の司法警察官が法規の遵守状況や不審点の確認のため、現場に出向いて立ち入り検査をする事」とある。この小説の場面では、刑事二人は敵娼の遊女を追い出し、客である丈一に尋問する。「一体、私の遊んでいるところに無断で這入つて来て、何《ど》うするのです。私が怪しいんですか?官憲に取り調べられる必要はありません」と丈一は抗弁する。刑事は懐中のものを出せと要求する。丈一は刑事を驚かしてやろうと思い、「××××国××駐在領事」と記された名刺を差し出す。すると、二人の刑事の態度は一変し、皇太子御夫妻が京都に来られる、そのための臨検であったと弁明するのであった。永見徳太郎はブラジル国名誉領事の肩書をこの小説のなかでひけらかしているのであろうか。ともあれ、低級な遊女屋と臨検に現われた刑事の描写が発禁の理由になったかと思われる。

「遊蕩児の良心」は後藤繁吉先生の短歌が書かれた二枚折屏風を見詰める場面から始まる。後藤繁吉先生は、斎藤茂吉をモデルとしている。今はドイツ留学中の繁吉先生の長崎時代のことを思い出しながら、松本丈一は丸山遊郭近くの料亭の一室で一人酒を飲んでいる。丈一は金持ちの遊蕩児として名高い存在であった。その丈一が舞子の江戸葉に性欲的でない救いの気持を抱くというのが話の筋である。

「享楽の日は続く」は多いときは年に六回も上京していた長崎の金持ち紳士・松本丈一が日本劇場の女優・岬潮路と馴染《なじ》みになり、また別の女とも親しくなるという話である。比較的長い作品で、丈一の金にまかせた恋愛遊戯の遍歴が綴られている。「或時の女優の家」は日本劇場の女優・岬潮路の家を舞台とする戯曲作品である。長崎の実業家・松本丈一は東京の岬潮路の家に滞在している。岬潮路の家には電話機があり、電話で話をする場面が数回ある。電話での会話を芝居に持ち込む工夫がなされているあたりは巧みである。丈一と潮路は噂話や痴話喧嘩などをする。「あなたこそ、お国では美しい奥さんもお児さんもあるくせに…」というセリフが印象的である。永見徳太郎の実生活が垣間見られるのである。

以上、『恋の勇者』の作品六篇をざっと紹介した。『恋の勇者』は発禁処分になったが、徳太郎は各方面にこの本を送っていて、その礼状や書評が数通、徳太郎のもとに届いている。そのなかには次のような文面がある。「御高著『恋の勇者』面白く拝見しました。／あなたのドンジャン的な気持は理解できますが、苦しみが足りはしないかと思ひます。恋によう事はいいのですが、その後に来る淋しさ、苦しさが今一層画かれてあれば創作としての価値はましただろうと思ひます。…」（大正十三年五月十六日付近藤栄一書簡）。この書物は、創作としての価値うんぬんよりは読物としての面白さ、大正時代の長崎の遊蕩的雰囲気を楽しませる作品だったのかもしれない。いずれにしろ、発禁処分になったのは残念である。

第三戯曲集『阿蘭陀の花』

大正十四年（一九二五）三月、東京・四紅社より永見徳太郎の第三戯曲集『阿蘭陀の花』が出版された。所収作品は「大江山」「人骨」「妖婦蔚山稲《うるさん》」「紅毛恋慕の曲」「彦火火出見命《ひこひひでみのみこと》」「浦上の盆踊」「和寇」の七篇である。はじめに芥川龍之介の「序に換ふる小品」と題する文章があるが、これは大正十一年五月、芥川再遊のときの作「長崎小品」とほぼ同じ文章である。末尾に「長崎永見夏汀書屋にて」とある。永見邸でのコレクションを題材にした戯曲風の小品と言えよう。

「大江山」は三幕からなる作品で、大江山の鬼退治伝説と阿蘭陀人、切支丹、羅生門などを組み合わせた奇想天外な話。芥川龍之介の作品「羅生門」「邪宗門」の影響もあるかもしれない。「人骨」の舞台は長崎のある倉庫の内部。倉庫の中で作業していると、人骨が出てくる。日露戦争のころ、殺された支那娘の頭蓋骨を手にした沖士の鳥吉は、支那娘の亡霊の話を聞く。倉庫の場面が暗転して満州の桃香村を背景にして美しい支那娘が現われる。一幕物だが、暗転を使って二場面を見せる仕掛けになっている。

「妖婦蔚山稲」は一幕二場の劇。トンキン王城近くの肉桂林からトンキン王城内に舞台が回る仕掛けになっている。平戸出身の切支丹で遊女の米は日本を離れてトンキン王の寵愛を受ける側室蔚山稲となっていた。昔の恋人長次郎がトンキン国と争っていた隣国安南国の城の地図を持ってきて、自らの出世を望むが、蔚山稲は自分の過去を知っている長次郎を毒殺する。

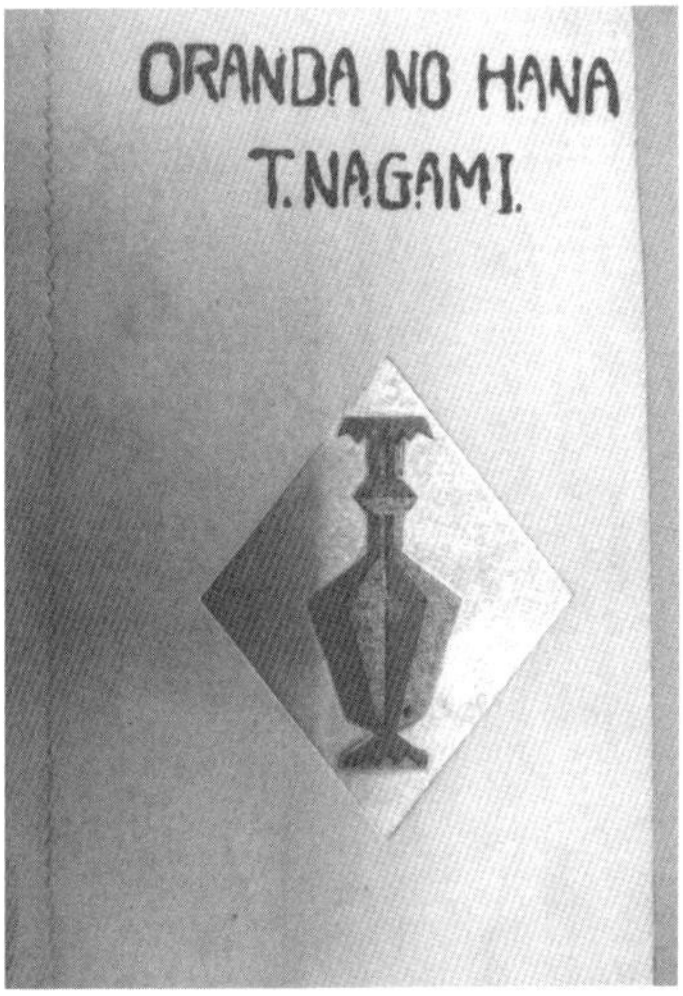

戯曲集『阿蘭陀の花』表紙
（県立長崎図書館蔵）

「紅毛恋慕の曲」の舞台は長崎の筑後町の二宮敬作の屋敷。一八五九年四月、再来日したシーボルトがお滝と会う。お滝はシーボルト離日後の身の上話をするという筋である。「彦火火出見命」（二幕）は、時は神代時代の或夜半より朝の間。所は日向《ひゅうが》国の青島。彦火々出見命は三俣連総という武者に猪《いのしし》をめぐっての争いに勝ち、家臣にする。そこに美しい豊玉姫が現われるという話。

「浦上の盆踊」、所は肥前国彼杵郡浦上村家野郷、時は慶応のある年八月十五日夜。切支丹を非難する男は狂人扱いで庫に閉じ込められている。その男の恋人だった女は切支丹の大和尚の妻となっている。浦上の家野郷の切支丹たちは盆踊りと称して、サンタ・マリアを祭る。代官所の密偵が捕らえられて落とし穴に落ちるところで幕。「和寇」は五幕からなる大作。室町時代末、南海方面に活躍した倭寇の話である。

以上、徳太郎の文芸作品を読んでの感想は、多岐にわたる作品群であるが、長崎に関する史話に取材したものが主流をなしていると言えようか。また、戯曲に関しては、徳太郎が劇場で劇を実際に観た経験が大いに影響しているように思える。徳太郎はたびたび上京し、帝国劇場などで観劇し、役者との個人的な交際もあったのでひとかどの劇作家意識もあったと考えられる。

大正十三年六月五日、長崎栄之喜座にて、帝劇女優劇公演。徳太郎の戯曲「星架城の夜」が上演される。主演女優・初瀬浪子は明治二十一年（一八八八）生まれ、徳太郎より二歳上であるが、一時期徳太郎と愛人関係にあった。同年八月下旬、『長崎日日新聞』にエッセイ「炎夏漫筆」を連載、十月二十六日から十一月月四日まで『東洋日の出新聞』にエッセイ「観もの聴きもの」を連載、という具合に徳太郎の文筆活動は盛んになる。大正十四年（一九二五）二月発行の文芸誌『人類』三月号に、徳太郎著「映画劇・高島秋帆」が掲載される。

徳太郎の長女トキ、大正十四年四月に開校した瓊浦《けいほ》女学校に入学。まもなく、音楽の勉強のため、上京。銀子夫人の妹・鈴子の婚家（永井誠夫医師宅）に寄宿。このころから徳太郎自身も一家をあげての東京移住を考えていた。

第五章

東京への移住

第1節　『長崎版画集』の出版

家業を捨てて文筆活動へ

大正十五年（一九二六）三月上旬、永見徳太郎は一家をあげて長崎を去り、東京へ移住する。徳太郎の東京移住については、諸説あるが、長崎での先祖代々の家業を捨てても自分の好きな道、すなわち、文筆活動に進みたかったのであろうと、私は推測する。

徳太郎の住む銅座町は、大正十四年（一九二四）十月の長崎諏訪社の大祭くんちの踊り町に当たっていて、奉納踊りは五人女であった。七年前の大正七年（一九一八）、徳太郎は一手持ちを引き受け、演し物「瓊浦浪五人女」の脚本を書いたのだった。しかし、大正十四年のくんちのころ、徳太郎は長崎を引き払う決意を固めていたものと思われる。徳太郎はくんちの祭りのあと、上京し、滝野川町の義弟・永井医師や芥川龍之介の自宅を訪ねて、上京後のことを相談している。大正十四年十一月五日付の徳太郎宛て芥川書簡には、「御出での節は何のおかまひもせず恐縮に存じて居ります」「新年皆様のお出でをお待ち申して居ります」などの文面がある。

永見徳太郎は大正十五年三月上旬、東京に転居した。そのことを裏付けるのは、大正十五年三月十一日付杉本わか（照菊）宛て芥川書簡である。その追伸には以下のようなことが書かれている。「けふ午後永見君が来ることになつてゐます。逢つて又気の毒な思をすることを考へるといやになります」。

この書面から、徳太郎は三月十一日以前に東京に出てきていたことがわかる。芥川の「逢つて気の毒な思をする」とはどういうことか、かつて華やかだった長崎での実業を捨ててきたことへの同情だろうか。文筆家希望の徳太郎の原稿を出版社へ推薦できないことへの思いだったろうか。私は後者だと考える。徳太郎は長崎在住中から各方面に、みずからの原稿を売り込んでいた。しかし、芥川は徳太郎の作品を評価しなかったようだ。芥川が渡辺庫輔の学識を尊重して各方面に原稿を紹介していたことは知られている。その庫輔宛て芥川書簡には、次のような文面が見られる。「永見徳太郎電報をうち深夜叩き起こされるのに弱り候何とぞ電報だけ御免蒙りたき旨御鳳声下され度候」（大正十一年七月三十日付）。美術品収集家の徳太郎のことを貴重な存在と芥川は見ていたが、金持ちのわがまま、非常識な行動には参っていたようだ。大正十五年四月二十五日付庫輔宛て書簡には、「僕が永見よりも君を重んじてゐる事は君自身も知つてゐる筈だ」の文言もある。

「長崎文化」に特化した著述出版

徳太郎の東京移住後の最初の住まいは、「東京府北豊島郡滝野川町西ヶ原四八九」（住居表示は、海星同窓会会報第八号の住所移動欄による）の総二階建ての借家であった。親戚の永井医師宅や旧知の芥川龍之介の田端の家に近いこともこの地が選ばれた理由であった。家族四人と銅座時代からの女中と、長崎出身の書生が一人ずついた。長女トキは引き続き下町の私立女学校に通い、長男・良は長崎佐古小学校から私立武蔵野学園小学校に転校した。

自宅の永見徳太郎（大谷著「続編」p242より）

徳太郎一家は大正十五年九月ころ、西ヶ原の仮寓から、中央線西荻窪駅に近い新居に移った。新しい住居の詳細は、東京府豊多摩郡高井戸町大字中高井戸三八番地であった。土地は借地であったが、新築した家は和室と洋間が十室以上あり、広い敷地には庭木も多かったという。この新居で活発な著述出版活動をおこなったわけである。

大正十三年、十四年、長崎在住中の徳太郎の著述には戯曲や小説などの創作作品もかなり見られたが、創作家として自立する困難を自覚したのか、東京移住後は「長崎文化」に特化した著述出版を多くしているようだ。

大正十五年六月発行の『中央美術』に「長崎に於ける司馬江漢」を発表している。その末尾の文章は次のようになっている。「江漢は何故、長崎滞在中に、長崎の画人と交友をしなかつたか、如何して、長崎にては、他の土地で蠟油絵を描いた様に、南蛮絵を描かなかったのかと、私は疑問を残して、此処に筆を止めるのである。（大正十五年三月、長崎より東京に転居の時、此文を草す）」。

春陽堂発行の文芸雑誌『新小説』大正十五年七月号は、「南蛮紅毛号」である。錚々《そうそう》たる人々が寄稿している。徳太郎は「南蛮伝来の遊戯」と題する論考を発表している。そのうち、「かるた」の章では「天正かるた」と「うんすんかるた」を説明している。「うんすんかるたは、布袋、福禄寿、大黒、恵比寿、達磨の如きものを混ぜた大和絵風と、異国人を現はしたものとを取り合わせた異国趣味のものであつた」と記している。『文藝春秋』八月号には、「紅毛軟語」を発表している。

コレクションを用いた出版

奥付に「大正十五年九月二十八日発行、編輯兼発行者　永見徳太郎、発行所　書肆《しょし》夏汀堂」と記された『長崎版画集』は定価三十五円、限定三百部で販売された。大学卒初任給が五十円から七十円程度の時代、単行本で三十五円というのはかなりの高価本であった。内容は徳太郎の「長崎版画集解説」と版画二十点から成る。つづいて十一月二十五日、『続長崎版画集』を自宅の夏汀堂から販売した。定価十円だった。こちらには徳富蘇峰の「長崎版画集」と題した序文と徳太郎の解説および三十二枚の版画を収めている。いよいよ徳太郎のコレクションを用いた出版がなされていったのである。『長崎版画集』と『続長崎版画集』は長崎歴史文化博物館にて閲覧可能である。また、国立国会図書館デジタルコレクションでも閲覧可能である。

『長崎版画集』の徳太郎の解説から冒頭部を抜き出してみると、次のようである。「長崎版画とは、長崎に於いて作られた錦絵でありますす」「江戸で作られた錦絵は、主と

(『長崎版画集』より)(長崎歴史文化博物館蔵)

して、絵画の上に、絢爛美を現した耽美派的な物であり、且摺の上に於いても贅沢な手法、紙質に於いても上等なる種類を用ひたので御座いましたが、長崎絵は、それに反して、手法、紙質に、素朴な味を見せて居るばかりでなく、好んで描写された絵画に於いても、唐、紅毛、南蛮船載の新智識を巧みに摑んでは、その紹介に努力致したのであつたのです」。

『続長崎版画集』では、はじめに十月十八日付『国民新聞』に載った徳富蘇峰の紹介文を掲載している。そして、徳太郎の「長崎版画に就いて」と題する文書が続く。各版画の説明はなく、目次に題名が挙げられているだけである。大正十五年十月十六日から十八日まで徳太郎コレクションのうち、長崎版錦絵百数十点を美校倶楽部で展観している。

大正十五年の徳太郎の文筆歴としては、演劇雑誌『人と芸術』十月号に「善か悪か」（戯曲）が掲載、十一月一日発行の『随筆』に「船載文明（一）」を寄稿している。「長崎丸山の遊女屋には、異国情調の香高い家が多かった」の記述があり、幕末期の遊女屋・大寿楼のことが述べられている。

第2節 『南蛮長崎草』と『長崎乃美術史』

これまで蓄積してきた長崎の知識を披露

徳太郎は大正十五年（一九二六）十二月一日、『南蛮長崎草』を春陽堂から出版した。この著書は昭和五十三年（一九七八）九月、歴史図書社から復刻版が出ている。徳太郎がこれまで蓄積してきた長崎に関する知識を東京の地で披露した形の出版になっている。

また、その背景には、明治二十一年（一八八八）に刊行された金井俊行著の『長崎年表』および金井の没年（明治三十年）の稿本『増補長崎畧史』以来の長崎郷土史研究の伝統があったと思われる。そしてそれは、大正八年（一九一九）に始まった『長崎市史』編纂事業に受け継がれる。『長崎市史』の編修員は福田忠昭、古賀十二郎であった。徳太郎はとくに古賀十二郎に学ぶところが多かった。徳太郎著の『南蛮長崎草』を読むと、大正十四年に刊行された古賀十二郎著『長崎市史・風俗編』の叙述を思わしめるところもある。長崎は異国交易で栄えた都市であり、そこには独自の文化や情緒があった。徳太郎の文筆活動を支えていたのはそれであった。

歴史図書社の復刻版「刊行の辞」には、次のように書かれている。「内容は、江戸時代における唯一の国際都市長崎を舞台に民衆の生活や民情を綴った名著である。即ち長崎人の海外雄飛の話や切支丹関係、料理、工芸美術の話などを著者多年の収集にかかる挿図と共に詳述したもので、今日長崎ものと称される先駆的業績である」。まさにその通りであろう。

私にとって印象的なのは、「黒坊」の章の挿絵として掲載されている「黒坊墓　稲佐おらんだ墓地内（中央の草のあるのが黒坊墓）」の写真である。平成元年ごろ、在野の長崎史研究者だった竹内光美に同行して稲佐おらんだ墓地を探索した時、竹内は

黒坊墓　稲佐悟真寺おらんだ墓地内（中央の草のあるのが黒坊墓）
（『南蛮長崎草』所収）

『南蛮長崎草』のなかのこの写真を示して、「今はこの形跡があるのかな」と言ったことを記憶している。『南蛮長崎草』の「黒坊」の章の叙述によると、この黒坊とはオランダ人の従者として来航していたインドネシア人である。オランダ人の墓は立派な石造りだが、従者の黒坊の墓は土饅頭でしかない。その土饅頭に草が生えているのがその写真だった。だが、私たちが探索したときには、その土饅頭の形跡も見当たらなかった。おらんだ墓地内に、ロシア人墓碑が混ざったりしていたので、あとで改葬されたのだろう。

「浦上の切支丹」の章の挿絵として採られている「象牙キリスト像」の写真も注意を

引く。「浦上三番大崩れに信者がひそかに所持したもの」と説明が付いている。著者所蔵とあるが、今はどこに収蔵されているのだろうか。

「異国便り」の章は、ジャガタラお春などの異国からの手紙が紹介されているので、興味をひかれる。復刻版の88頁には次のような叙述が見られる。「先年、南洋を旅行した時、バタビアの町、ジヤガタラ等を案内する人達と熱心に見てまはつた私には、ジヤガタラお春の何ものをも見出す事の出来ない程町の有様が、長い歳月の間に変化を来たしていた、…」。徳太郎は大正五年（一九一六）のインド旅行の折、シンガポールに立ち寄ってはいるが、インドネシアまで足を延ばした形跡は見当たらない。大正五年インド旅行のあと、東南アジア方面に旅行したのかもしれない。大正七年からマレー半島のジョホール州にゴム園を開業し、さらにスマトラ島に新規ゴム園開業出願の新聞記事（『東洋日の出新聞』）も見られるので、徳太郎自身もその方面に出かけたのかもしれない。しかし、このゴム園は大正十年（一九二一）ごろは不況の影響で閉鎖したと考えられる。

『画集　南蛮屏風』の発行

大正十五年（一九二六）十二月二十五日、大正天皇崩御。昭和と改元される。昭和元年（一九二六）は十二月二十五日から三十一日までの七日間である。昭和二年（一九二七）五月一日発行の『早稲田文学』に戯曲「島の羽衣」を発表する。五月十五日発行の『愛書趣味』に「石橋忍月翁」を発表する。文士・石橋忍月は銅座の永見家の隣の家で大正十四年（一九二五）二月一日に死去したので、その思い出を書いたのである。

昭和二年七月五日発行の『画集　南蛮屏風』が夏汀堂から発行された。定価十円。内容は南蛮屏風部分絵八葉と随筆「南蛮屏風の前に坐して」からなる。七月二十日付『読売新聞』の「読書界出版界」欄にこの書物の紹介がなされている。その一部を引用すると次のようである。「市外中高井戸町三八に閑居する永見徳太郎氏はラヂオ放送でお馴染みの南蛮通である。氏は郷里長崎で育つたばかりでなく、その実家が阿蘭陀屋敷の御用を勤めてゐた関係から、南蛮唐紅毛の文物には幼児から深い親しみを持ち、今となつてはそれが寧《むし》ろ遣《や》る瀬ないほどな憧憬《しょうけい》の的となつている」。

「ラヂオ放送でお馴染みの南蛮通である」の箇所は、東京へ出てきてまもない徳太郎

南蛮屏風（夏汀堂発行『画集　南蛮屏風』より）

がいわゆるタレント並みの活躍をしていたということを示している。随筆「南蛮屏風の前に坐して」の冒頭は次のようになっている。

《同好の先輩山村耕花画伯から、素晴らしい南蛮屏風が、東京に来たから、一所に見に行かぬかとの知らせを受けて数日の後、丹緑堂の応接間にて、私の眼前に、本間の六曲金地屏風が、一枚一枚と繰り拡げられる毎に、絢爛《けんらん》たる極彩色と古色も帯びて眩《まぶ》しく光る金地面が、私の眼と心を強烈に射乍ら、南蛮人、南蛮船が明瞭に大きく展開され初めた》

徳太郎はこの随筆のなかで、国内に現存する十点の南蛮屏風について、年代や作者などを考証する。それによると、狩野派の作者が安土桃山時代に九州の港を描いたものと推定する。解説の末尾は次のような文章になっている。「此の屏風が、南蛮研究をすすめて居る私の手に入る幸となつたのは、永らく高貴貴顕の方の庫深く所蔵して居られたので、その災害を免れた故であらう。／丹緑堂所蔵より私のものとなる迄には、南蛮屏風が恐ろしく、大きく力強く、或夜、私の夢となつて現れた事もあつたのであつた。今、桜爛漫の好時候となつて居るが、私は室にとじ籠《こも》つて、毎日欣《よろこ》びに満ち〳〵て、此南蛮屏風に魂も力も吸はれ、黙々と時を過し…（中略）…静かなる平和が流れて居る事を欣び乍ら、屏風の前に座して、礼讃の声をあげて居るのである（昭和二年の春）」。

芥川龍之介の自殺の衝撃

昭和二年七月二十四日、芥川龍之介の自殺という事件が起きた。翌日の新聞各社は大きく報道した。徳太郎は翌日の新聞で初めてこの事件を知った。『文藝春秋』は同年九月号を「芥川龍之介追悼号」として特集した。十月号には徳太郎の「長崎に於ける芥川氏」が掲載された。『新潮』九月号は徳田秋声など六名による「芥川龍之介の追悼座談会」が載せられ、徳太郎は「芥川龍之介と河童」を発表した。徳太郎の文章には、七月十四日か十五日かに、電報で呼び出しを受け、田端の芥川宅を訪問した折のことが述べられている。そのとき、芥川の作品「河童」の原稿をもらったたこと、また芥川の死の翌日の新聞記事に芥川自殺の記事が大きく出ていたこと、ラジオ欄には、その夜放送する徳太郎の肖像写真が出ていたことなどが書かれている。芥川と徳太郎は大正八年（一九一九）五月の長崎での出会い以来、因縁深い仲であったので、その自殺は徳太郎にとっても衝撃は大きかったと思われる。

徳太郎はまた、『随筆』九月号に「印象の深い芥川氏」を発表している。そこには長崎で芥川が手に入れたマリア観音の陶器の像のことが述べられている。芥川夫人の『追想　芥川龍之介』（筑摩書房、昭和五〇年）によると、それは渡辺庫輔や蒲原春夫の案内で長崎を見物した際、失敬して入手したものだという。芥川は長崎好きで「長崎人は質朴だ」と言っていたという。芥川家の女中さんも徳太郎の世話で送り込んだという。

豪華本『長崎乃美術史』

昭和二年十一月一日、徳太郎著『長崎乃美術史』が刊行された。発行者は東京市外高井戸町中高井戸三八の永見徳太郎となっていて、定価十円、菊版、山村耕花装幀の本である。この本は、昭和四十九年（一九七四）九月、京都の臨川書店より復刻版が出ている。口絵一七九点、挿絵八六点が収められ、文章も読みやすい。自序の書き出しは次の通りである。

《長崎の過去、即ちその歴史が、世上の注視を集め、現代に迎へられて居る事は、純長崎ッ児の私として、全く欣びに堪えない。／しかし、未だ長崎美術史の完成されたる研究が、世に公にされないのを遺憾として、……筆を執り、中央美術・アトリエ・美の国・美術春秋等の雑誌と、拙著南蛮長崎草に記載したもの等に増補訂正をなし、又新たに稿を起したものを合せて、此書を刊行する事としたのである》

内容目次（徳太郎の表記では目録）は以下のようになっている。「自序」「序説」「南蛮絵」「北宗画」「南宗文人画」「沈南蘋派」「お絵像さま」「長崎版画」「長崎版画の興味」「浮世絵師」「工芸」「工匠伝」「長崎及び関係画家表」「落款印譜集」「自跋」。その他、

「口絵目録」「挿絵目録」「参考史料目録」の記述の詳しいのは、古賀十二郎著『長崎市史・風俗編』のそれを思せる。

「序説」では、長崎が切支丹の布教地、および貿易港として開かれた様子から述べられる。やがて、切支丹禁教となり、「阿蘭陀人の貿易起り、唐人の渡来等は繁く、その間、我国の政治にも、幾多の変化があつたゞけ、異国人の渡来にも、盛衰があつた事は言ふ迄もない。／かふいふ風に、長崎といふ土地は、他地方に比較する時、異国風の影響が深潤して、居たのであつたから、其処に起つた文化等に、当然異国情調の漂へる事は、贅《ぜい》する迄もなき事柄でなければならない」と述べられていく。

「北宗画」の章は、正保元年（一六四四）明僧・逸然の渡来のことから書き始められる。彼は興福寺の第三代目の住職となったが、純然たる漢画の法を伝えた最初の人でもあった。「古来より我国には、名手輩出して、巧みに、宋、元の絵画を取入れ、日本化したものを描いたのであつたが、純然たる漢画の法は、未だ誰人も行ふ事は出来なかった。が此逸然に依つて、漢画の嚆矢を見る事となり、実に長崎の地に於て、明僧の力に依つて、此法が輸入せられた事は、特筆せなければならない」と徳太郎は述べる。

北宗画、南宗画の区別について、徳太郎の叙述は次のようになっている。「明僧等より伝はりし絵画を、何故北宗画と呼ぶのであらうか？／支那の絵画を大別すれば、南北の二派にわかれて居ると言はねばならぬ。唐朝時代の支那は禅宗隆興の世であつて、此宗門がすでに、南、北に分かれたので、宗教を第一大切なる事となした国民には、絵画の世界にあつても、南北二派を形造つてしまつたのである」。さらに次のような記述も見られる。「南北二派の分起に関しては、学説一定ならず、唐代にありては、まだ南北の名称無く、南北の別は、宋代にありとの説もあるが、又、南北の二派に別けしは、明清画家の為めにするところにある等、甚だ疑問異説ある事をも、記して置かねばならない」。

「南宗文人画」の章は、次のように書き出される。「黄檗《おうばく》僧の来朝を見て、北宗画の輸入となり、その画法が、長崎の地に発生したのであるが、それらの画派を長崎前期画と呼び、享保以降、新に支那より来りし南宗文人画、南宗写生画を、長崎後期画と区別し、南宗画の起源より、伝来、伝播を語つて見やう」。そこで取り上げられている画人は、まず、伊孚九《いぶきゅう》である。「享保年間には、伊孚九、長崎に渡り来り、冷淡疎《そ》蕭《しょう》なる山水画を描き、世人此画法の妙味に、陶酔《とうすい》し初めて南宗画のある事を実地に見、且つ崇拝《すうはい》する様になつたのである」と記述されている。日本人画家としては、釧雲泉、田能村竹田などが取り上げられている。

「お絵像さま」の章には次のような叙述が見られる。「長崎人は、神仏の崇拝を祖先より、深刻に教へられて来たのであるので、彼等の家々には、武士、商人、学者の別なく、絵像を大切に保存して、旧来の祭礼等には、必ず本床に、絵像をかけならべ、己の家の名誉を誇り、且つ祖先を礼拝する心事が、なつかしくも残れる習慣となつて居るのである。／絵像の事を一般に、お絵像さまと呼んで居る。而して平日は、奥深く蔵し、主として、正月の七五三の内・節分の日・三月の雛節句・五月の男節句・七月の盆祭・九月の諏訪祭礼（現在は十月七、八、九日）の三ケ月に、お絵像さまの掛物をかけ、家内一同礼拝するのである。此のお絵像さまには、必ずお供へ物をあげる。……」。

長崎の各家々には、祖先の肖像画があり、年中行事の折々にはそれを床の間に飾り、お供え物をするということで、年中行事の有様や料理の品々の紹介記事に満ちている。長崎人はお祭り好きで、また料理の美味い土地であることが誇らかに語られているのである。

正月床飾（永見徳太郎著『長崎乃美術史』より）

徳太郎著『長崎乃美術史』刊行の十七年後の昭和十九年（一九四四）八月に古賀十二郎著『長崎絵画全史』が北光書房から出版された。古賀本は太平洋戦争末期の配給用紙で口絵の印刷では不鮮明なところもある。それに比べて、永見本は口絵にはカラー印刷もあり、口絵・挿絵の数も豊富な豪華本である。もちろん、徳太郎は古賀十二郎に学んだところが多大であろう。林源吉は永見本と古賀本を比較して、「深みにおいて後者勝り、幅において前者に利がある」と評している。さらに、永見本について、「もっとも精根をつくした良書であり、道標となつて長崎の美術研究者に便宜を与えたことは確かである」と述べている（『長崎談叢』第三十八輯所収「夏汀追憶三題」）。

昭和二年（一九二七）の徳太郎の文業としては、十二月十五日と十七日に『読売新聞』文芸欄に、「江見先生の近著」（上）（下）を寄稿している。江見水蔭は明治二十年代に少年向け冒険小説で活躍した作家で、昭和二年十月、博文館より『自己中心明治文壇史』を刊行している。徳太郎はその著書の感想文を記しているわけである。

昭和三年（一九二八）正月五日執筆の「年頭の感想」は、海星学園同窓会々報『窓の星』十五号（三月三十一日発行）に掲載されたものである。徳太郎は上京して三年目、南蛮ものや長崎版画などの出版を手がけ、長崎文化を伝道するための文筆活動にも意欲を示していた。徳太郎は『大調和』七月号と最終号となる十月号に寄稿している。『大調和』は「武者小路実篤編輯」と各表紙に明記した文芸雑誌で、旧白樺派の諸氏が参画し、永見一族の永見七郎も執筆者、編輯実務者として活躍している。徳太郎は七月号に「長崎版画の由来」、十月号に「びいどろ絵」を載せている。

第3節　『南蛮美術集』と『南蛮屏風大成』

懇切な解説付きの『南蛮美術集』

昭和三年（一九二八）九月二十日、芸艸堂から『南蛮美術集』が刊行された。新村出序文、永見徳太郎解説、山村耕花装幀、南蛮会編輯、菊倍判優美帙《ちつ》入り（別冊解説付）、精巧原色版及玻璃《はり》版印刷、定価十二円である。新村出の「南蛮美術集序」から抄出すると、以下のようである。

《長崎の永見徳太郎君は、同好の人たちと心を協せて大江戸の真ん中三越の楼《ろう》上《じょう》で、かういふ南蛮絵屏風の優品をはじめ、それが載せて来た幾多の貨物、――むろん御朱印船が運び渡つた物もある筈だが――例えば種ケ島や南蛮鉄、時計や賀留多《かるた》、更紗やモール、チンタ酒や煙草、それらの奇妙珍物の名残どもを博《ひろ》く蒐集して、晴れがましく南蛮会の展観を開いた》

《永見君は、今それら各種の遺影を図録として懇切なる解説を施し、芸艸堂主人はそれを精巧なる玻璃版に付して近く出版せんとしてゐる。私は古人の口調を仮

新摺本『南蛮美術集』表紙
（長崎歴史文化博物館蔵）

りて、『やら〱目出たや、南蛮美術集が出まらした』と欣ばずには居られない》

　別冊には「南蛮美術集の為に／南蛮史料展覧会出品目録／出品物の大きさ」が収録されている。徳太郎の解説文「南蛮美術集の為に」は八頁の文章であり、書き出しは次のように述べられている。「我邦の文化は、昔から海外関係と密接な度合を持つて居る。飛鳥朝時代には、唐文明が滔々《とうとう》と入つて来たので、美術に於ても宗教に於ても習慣に於ても思想に於ても、多く唐の影響を受けて居た。次いで時代が下つて戦国の乱となり、足利義晴将軍の頃からは、南蛮の影響を受ける様になつて来た。／　此の南蛮と言ふ言葉は、由来支那人の用ひた言葉で、つまり南方の国と言ふ事に当る。支那人は、自分の都を中心として他の諸国を指して、東夷《とうい》・西戎《さいかい》・南蛮・北狄《ほくてき》と呼び、非常に賤視《せんし》した。…」。

　次に南蛮人渡来以後の歴史を紹介する。鉄砲（種ケ島）伝来、ザビエルの布教、扇面に描かれた南蛮寺の絵、信長の安土城下に教会堂が建てられたこと、天正十年（一五八二）の少年使節派遣、彼らがもたらした南蛮美術品のこと、支倉常長の持ち帰った品々のことなどが述べられる。

「美術品の中で、南蛮人を取り扱つたもので良いものに、蒔絵の硯《すずり》箱（五〇、五一）や文箱（六〇）がある。慶長の頃、南蛮人を天狗の様に思つて見た誇張した画風が其の絵に現はれてる等は、興味もあり又研究上見逃せない逸品でもある。国宝になつて居るもので南蛮寺の鐘（四）がある。天正四年八月十五日（西紀千五百六十七年）京都に南蛮寺を建立したので、其翌年葡萄牙《ぽるとがる》で、此の鐘を鋳造して送り来たのである。重さは十八貫もあると言うふ。……」。蒔絵の硯箱や文箱、それに南蛮寺の鐘の写真はこの書物に収められている。

この『南蛮美術集』は、昭和十八年十月、大雅堂より新摺本が出ている。この本には、新村出の「新摺南蛮美術集序」が載せられている。長崎歴史文化博物館に収蔵されているのは、新摺本のほうである。

『びいどろ絵』と『長崎八景』

昭和三年（一九二八）十月十五日、芸艸堂より永見徳太郎編輯および解説の『びいどろ絵』が刊行されている。この書物は国立国会図書館デジタルコレクションで閲覧可能である。内容は目録一葉、びいどろ絵解説六葉、びいどろ絵原色版二葉、コロタイプ二十三葉。ただし、デジタルコレクションでは白黒画像である。

徳太郎の解説文は、びいどろ絵とはガラス絵のことで、散髪店やお風呂屋などで見かけるような下手《ゲテ》ものであるが、ずっと以前には、相当芸術的に香り高い作品もあったとし、その歴史を述べていく。オランダのカピタンは毎年将軍家に献上品を差し出していた。寛文三年（一六六三）三月朔日《ついたち》の献上品十八品の中には、びいどろ絵板五十枚があり、それはオランダで制作された花鳥、山水、人物のガラス絵であった。さらに司馬江漢が「荒木元融（為之進）は一向下手なり」と罵倒しているが、徳太郎の説明によると、「彼の遺筆を見ると、下手どころか、非常なる名手であつたことが分る。元融は、唐絵目利の役をうけて、大いに栄えていたのであつた。此元融が、びいどろ絵を描いたといふ事が、伝へらがれてゐる」ということである。

さらに次のような記述もある。「万歳町に住んだ落合与惣治は、青貝漆器や洋画を得意としたが、又びいどろ絵にも、捨てがたい味を持つてゐた。彼は素江とも呼んだ明治初年頃の人であつた」。びいどろ絵は裏から絵を描くので、表より見るときには、ガラスの光沢と同時に、その中より色彩の濃き絵が、まるで浮び出たかのような、一種異様な美を呈していると徳太郎は説明する。「又絵具が、直接太陽の光線に觸《ふ》れぬので、変色の憂なく、今、製作したかの如き新しさがある」とも述べている。

昭和三年（一九二八）十一月十日発行『長崎談叢』第三輯に、徳太郎は「長崎版画の長崎八景」を載せている。「一枚位、長崎の風景画が有つても、ヨカでしやうトコレ」と何年か前、古賀十二郎氏に尋ねたことがあったと徳太郎は述べる。すると十二郎は、「一《イッ》ちょ、あってすタイ。知るまっせんか？」と長崎なまりで答えて、「長崎八景ば、描いたとがあつたとの。もう随分、昔見たきりで、そるから一向見ん。如何したとかしら」。つぶやくような古賀十二郎の言葉を引き取って、「そらー、珍らしかですたいノーシ」と、徳太郎は高声に叫んだ。「長崎版画の長崎八景を知つたのは、此時が初めてであつた」と徳太郎は述べる。このあたりの永見徳太郎と古賀十二郎のやりとりの叙述は面白い。

長崎版画『長崎八景』は、磯野文斎の制作になるものである。磯野文斎は『弘化版長崎土産』の作者で、『長崎八景』は天保か弘化ころ（一八四〇年代）の作品であると推定される。立山秋月、神崎帰帆、市瀬晴嵐、稲佐夕照、笠頭夜雨、安禪晩鐘、大浦落雁、愛宕暮雪、それぞれの版画の説明を徳太郎は試みる。

雑誌や新聞に活発に寄稿

翌四年四月五日発行『続々長崎版画集』にはこの「長崎版画」を収めている。その際、解説の末尾に、「長崎八景の複製を作るに際し所有者丸美屋（東京市丸の内ビルヂング二階）が喜んでその現物を貸してくださつた事を謹んで御礼を述べて置きます」と書き添えている。定価十円、発行所夏汀堂。同四年五月五日再版するほど反響が大きかったのであろう。

昭和四年の刊行物は『続々長崎版画集・長崎版画』のみであるが、雑誌や新聞にかなり活発に寄稿を続けている。『中央美術』二月号に「寺町『一力』の息子　山本森之助画伯の思い出」を発表。前年十二月十九日に急逝した長崎出身の画家・山本森之助の追悼文である。『文藝春秋』二月号に「長崎奉行所の占領」を載せる。これは最後の長崎奉行・河津伊豆守が退去するときの話である。「私の祖母はその時を回顧して、

「長崎八景」の内、「大浦落雁」（長崎歴史文化博物館蔵）

『あんげん恐ろしかつたことはナカたつたバナ。どげんなるかと心配してナー』と言つてゐた。私の家は、薩摩屋敷の隣町で、おまけに薩摩御用を勤めてゐたので、脅かされたことも一通りではなかつたらしい」と徳太郎は述べている。四月一日発行の『浮世絵志』に、徳太郎は「長崎版画物語（一）」を載せる。雑誌『グロテスク』七月号に「長崎軟訛録」を載せ、稲佐の繁盛、唐の端唄、阿片女郎などのことを記している。同誌八月号の「維新時代・鴛鴦秘録」は、丸山を中心に、勝海舟、坂本龍馬、大浦お慶、五代友厚などの行状を読み物としたものだった。『演芸画報』八月号には「六代目の悪い癖」を寄稿している。六代目尾上菊五郎についての文章である。「私が半生を暮らして来た九州の港町では、一年の中、東京大芝居といふものが、二度位づつ観られた。六代目一行も二年目とか三年目とかに、華々しい舞台を見せてくれた」という文面もある。のちに徳太郎は菊五郎と交流を深め、その舞台写真の撮影を担当したり、文通を重ねたりする。六代目の悪い癖とはワキ役に回ったときの演技の冴《さ》えないことに注文をつけているわけである　昭和五年（一九三〇）三月発行の『猟奇画報』に徳太郎の「船員巡礼記」が載る。香港、シンガポール、マルセーユ、リオ・デ・ジャネイロ、ほか世界各地の船員相手の歓楽街の様子を、おもしろおかしく綴った港町案内記の読み物である。

特筆すべき労作『南蛮屏風大成』

昭和五年七月三十日に刊行された『南蛮屏風大成』は特筆すべき労作であった。黒地のクロス帙入りの大型版で、表紙にはキリスト暦の御出生以来千九百三十年と記されているのは切支丹と関連深い南蛮屏風の書物だからだろうか。序文は長崎県彼杵郡波佐見村出身の歴史家・黒板勝美である。発行は巧芸社、限定二百部、定価の表示はないので非売品扱いだが、その頒布方法は明確でない。『南蛮屏風大成』は長崎歴史文化博物館に収蔵されており、閲覧可能である。黒板勝美の序文の一部を引用すると、次の通りである。

《永見君は南蛮交通貿易や吉利支丹宗と因縁浅からざる長崎の地に生れて長崎の地に長じ、南蛮物の研究に於て最も造詣深い篤学者である。拮据《きつきょ》十数年今こゝに南蛮屏風大成を公にせられること、なつたのは、斯人にしてこの編著ありといふべく、誠に学界の幸運であらねばならない。…（中略）…また簡にして要を得たる解説を付せられ、筆路流麗巻を措く能《あた》はざらしむるもの、実に近世日本初期の芸術文化史に貢献せられるところ多いといはねばならぬ。／余は君と郷を近くし、君と締交久しきに及んでゐる一人として、敢《あえ》てこの好著を江湖博雅の諸賢にお奨めする。／　昭和五年五月／　文学博士　黒板勝美》

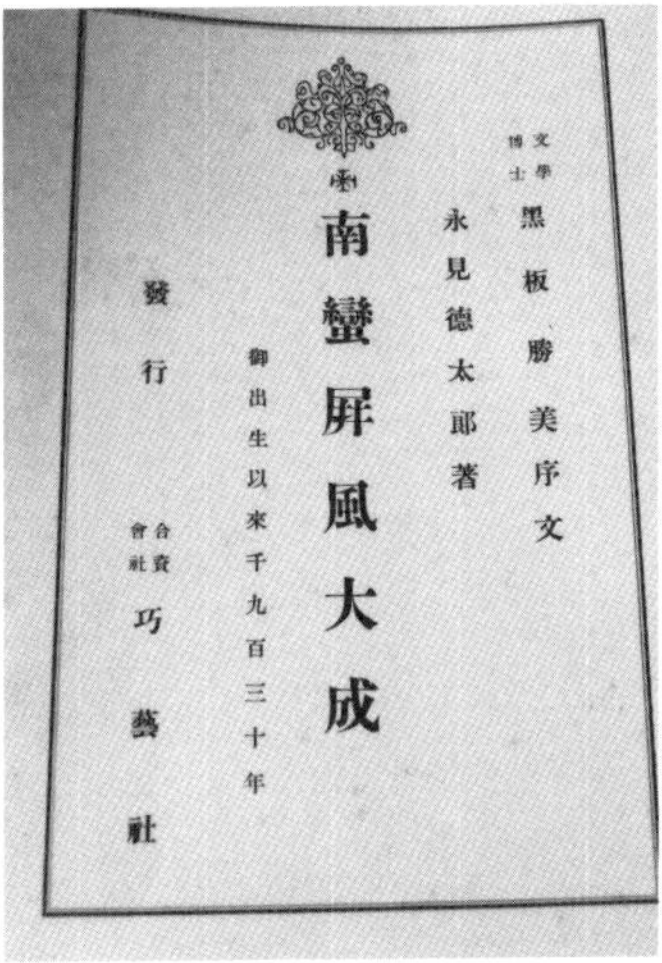

『南蛮屏風大成』表紙
（長崎歴史文化博物館蔵）

徳太郎は「緒言」において、約五十点の参考文献を挙げたあと、次のように述べる。「本書を編纂するには、四ヶ年の歳月が流れました。その間、遠く大和の山路へまで、大雨を冒して旅行したりした苦心が数回つゞきました。わざわざ数日間を費やして訪問したのに、或所蔵家は、如何いふ訳か、公開することを好みませんでした。／或南蛮屏風は片方南蛮貿易、片方世界地図のが現存するとの事ですが、所有家が秘して是も発表を好みません」。

調査、執筆に際しての苦労があったわけである。本書所載の南蛮屏風全二十四双。そのうち、永見徳太郎所蔵は二点。あとは、博物館、美術館、寺院、個人蔵などである。本書には、南蛮屏風のほかに、付録として「南蛮情調の絵画」十点が添えられている。

付載冊子「南蛮屏風の研究」は徳太郎の執筆になるもので、内容は「序記」「南蛮の意義」「南蛮屏風の名称」「南蛮貿易と吉利支丹」「南蛮の影響」「屏風絵の説明」「屏風の感興」「屏風の紙・絵具・箔・大きさ其他」「屏風の筆者」「屏風絵の場所」「屏風制作年代」「各屏風の特徴」「屏風の現存品」「屏風の研究論文」「屏風の価値」「結語」の十七章からなる二段組全五十二頁の綿密な研究論文となっている。さらにその付録として「南蛮情調の絵画」と題した解説が四頁ある。
「序記」の冒頭に徳太郎は次のように記している。「私が南蛮屏風を知つたのは、拾《じゅう》年《ねん》程前の頃からであつた。／絢爛たる絵画の中に、近世史の太い線を流す欧羅巴《ヨーロッパ》文明が、滔々と漲る有さまが、共によく表現し尽されてるのに、私の魂を恍惚とさせたのであつた」。さらに次のような叙述もある。「足利末期には、天下大いに乱れ、幕府の政権衰微し、英雄の興亡、まるで走馬燈の如く、現れては消へてゆく。その血腥い雰囲気の中に、海外貿易は初め行はれ、吉利支丹宗門は、仏敵、邪教と嘲笑罵詈をうけても、次第に伸びゆく力が強かつた。何時の世にも、利権と宗教は、人類より離れない。思想と物質の文明が、こんがらかつて、此処に光輝ある南蛮屏風を、画人の筆を通じて、後世の私達にまで、魅惑の糸に、搦《から》みつかせてゐる」

歴史観と文明観を織り交ぜた文章になっていると言えよう。

「南蛮屏風の名称」の章では、その屏風の名称は一定しておらず、さまざまな名称で呼ばれていたが、昭和二年（一九二七）、徳太郎が『画集　南蛮屏風』を刊行して以来、この名称が簡潔正確に当の屏風を言い表しているので、「南蛮屏風」の名称として確立したと述べている。すなわち、徳太郎は「南蛮屏風」の名称の創立者だったわけである。「屏風の筆者」の章では、まず、「南蛮屏風の筆者を、明かにし得る物は、極めて僅少に過ぎない。／永見家（一双）のに浮世亦平とあるは、出鱈目《でたらめ》で、浮世絵風でさへあれば、又兵衛と考えた結果からである」と述べる。諸所に伝わるもののうち、狩野内膳筆、あるいは二代、三代、内膳筆が考えられることなどが考証されている。「屏風絵の場所」の章では、「何《いず》れの土地をうつしたかは、頗《すこぶ》る興味ある問題である」とまず述べられる。一双のうち、右左に分類すると次のようになる。（イ）右側・日本、左側・日本は、御物、永見家（一双）、益田家、所有者不詳、ビクトリア・アンドアルバート博物館（一双）、東本願寺別院。（ロ）右側・日本、左側・南蛮・本国あるひはゴアは、唐招提寺、矢代家、河本家、岡本家。（ハ）右側支那、左側日本はボストン博物館。その他は半双や残缺であると述べられている。日本の場所はどこか？「堺・長崎・平戸・府内・横瀬浦・大村等が、有力なる候補地となる。想像をたくましくすると、会堂の尊厳なる様子や異国人に馴染さまや着船等のあり様が、長崎が一番有力地と見做されるが、事実、長崎と断定する事は、絶対に出来ない」と徳太郎は述べる。

他の章の叙述も興味あふれる形で述べられているが、ここでは省略する。国立国会図書館デジタルコレクションで実際の文章を読んでいただくとよい。

『南蛮屏風大成』は当時、評価の高い刊行物で、絶賛の声もある。東洋史研究者・石田幹之助は『読売新聞』紙上で好意的な書評をおこなっている（長崎図書館中村文庫新聞スクラップ参照）。「永見君の述作に忠実な、物堅い学究的な一面がよく表はれてゐて、今やつと出来上つた本書を見るに及んでよくこゝ迄心棒し、よくこゝ迄漕ぎつけたといふ感が特に深い」という文面が残されている。

長崎文化の伝道者として

昭和五年（一九三〇）八月八日に、改造社版『日本地理体系第九巻　九州篇』が刊行された。徳太郎は、「雲仙嶽の霧氷」と題する一ページ大の口絵グラビア写真のほか、本文の長崎県の部八十七点の写真解説のうち、四十二点を担当。そのほか、「昔の長崎」という題で文章を発表している。同年十二月二十六日と二十七日、徳太郎は「長崎物語」の題でラジオ放送に出演した。これらの活動は長崎の紹介、長崎文化の伝道者としての務めだった。

昭和六年（一九三一）になると、徳太郎は相当数の随筆・読物類を雑誌に発表している。一月一日発行の『趣味と長崎　長崎県人共進機関誌』正月号に「長崎時代の坂本龍馬（一）」を、ついで、二月号、五月号（『長崎雑誌』と改題）と三回連載。『サンデー毎日』一月四日号に「長崎の凧《はた》合戦」を載せ、『文藝春秋』に「骨董《こっとう》屋のからくり」を載せている。「骨董屋のからくり」は徳太郎の経験や見聞に基づく読み物である。『長崎雑誌』七月号には「海外文化の跡と長崎」を発表。またこの題でラジオ放送もしている。

昭和六年『漫談』六月号に「老妓長崎愛八」を載せた。丸山芸者・愛八がビクターレコードから「ぶらぶら節」と「浜節」を吹き込んだのはその前年だった。『文藝春秋』昭和六年八月号には「長崎花街・老妓と占売娘」を載せた。これは愛八と彼女が親身に面倒をみた哀れな辻占売り娘との交渉を読み物風に描いた作品である。愛八は昭和八年（一九三三）十二月三十日、死去した。六十歳であった。

池長孟に南蛮コレクションを売却

昭和六年十二月、永見徳太郎は南蛮紅毛美術品約二百五十点を神戸の富豪・池長《いけなが》孟《はじめ》に五万円で売り渡した。池長孟は明治二十四年（一八九一）十一月の生まれで、徳太郎より一歳年少である。大正六年（一九一七）、京都帝国大学法科卒。昭和二年

（一九二七）、長崎版画の収集から始め、永見コレクションを購入。その後も、「ザビエル像」などを買い集め、昭和十三年（一九三八）五月、「私立池長美術館」を開設、同十五年（一九四〇）四月より一般公開した。私立育英商業学校の校長でもあった池長だったが、学校教育よりも社会教育のほうが大切だと考えていた。戦災を免れた池長コレクションだったが、財産税のため収集品を売り払う事態が生じ、池長は昭和二十六年（一九五一）、七千点を超える美術品を倉庫ごと神戸市に譲渡し、「池長美術館」は「市立神戸美術館」と名称を変えることになった。

その後、昭和四十年（一九六五）四月、「神戸市立南蛮美術館」と改称。昭和五十七年（一九八二）十一月、京町筋に新設の「神戸市立博物館」を設け、美術品を全部移転したため、閉館。旧池長美術館は、改修や書庫新築を経て神戸市文書館として開館し、現在に至っている。池長孟は昭和三十年（一九五五）八月死去。満六十三歳、数え年六十五歳だった。

永見徳太郎が池長孟にみずからの南蛮コレクションなどを売却したのは、経済的な理由があったのかもしれない。五万円は、当時のお金としてはかなりの高額である。社交好きで食道楽、派手な生活のためには必要だったのかもしれない。徳太郎としては南蛮紅毛史料の研究はいちおう仕上げたという意識があったのだろうか。南蛮史料の収集と研究は徳太郎が先駆者であるが、後発の有力な収集家である池長孟に託したとも考えられる。徳太郎はジャーナリズムを中心とした文筆活動のほうに力を注ぎたかったのであろう。

旺盛な執筆活動、次々と作品を発表

昭和七年になると、五・一五事件などがあり、日本は軍国主義的傾向が強まる。『文芸年鑑』（改造社発行）の「執筆目録」によると、徳太郎はこの年、二十六篇の作品を発表している。作品の題名だけを列挙していくと、次の通りである。「評論　絵踏の研究」「実話　モーダン女郎」「実話　産女の塑像」「随筆　黒・白・黄」「評論　阿蘭陀正月」「小説　勝海舟の恋」「随筆　ヒマラヤ」「実話　虎狩奇談」「実話　唐館討入」「随筆　春花乱舞」「随筆　阿蘭陀屋敷の酒」「随筆　長崎のエロ民謡」「実話　軍艦鎮遠騒動」「実話　海軍の名物女」「実話　海援隊とお慶」「随筆　ダンサーは申しました」「随筆　富士五胡の旅」「評論　長崎版画と黄檗宗《おうばく》」「随筆　長崎料理」「戯曲　露探と罵られた女」「実話　長崎秘話鎮遠騒動」「実話　娘子軍の悲喜劇」「研究　外国人の見た日本料理」「随筆　唐椀繁昌記」「随筆　小松謙次郎先生を偲ぶ」「実話　長崎捕物帳盗賊判事」。『文芸年鑑』に記載されていない作品として、「文明開化」（『食道楽』一月号）「長崎の料理」（『長崎雑誌』八月号）の作品名も挙げられている。このほか、ラジオの講演放送として「開国時代の流行歌」（十一月十九日放送）がある。また写真集『珍しい写真』を発表したのもこの年（二月十八日発行）である。

　昭和八年（一九三三）の徳太郎の文筆活動も活発である。『文芸年鑑』の「執筆目録」から三十三篇の作品を挙げていくと次の通りである。「雑文　阿蘭陀と長崎女の恋慕録」「随筆　長崎料理」「研究　阿蘭陀芝居」「雑文　開国情調の流行歌」「雑文　満州人が画僧を送った」「紹介　素晴らしい邦彩蛮華大宝鑑」「実話　長崎捕物帳盗賊判事」「雑文　外国訛の島原娘」「雑文　蒸気船試運転物語」「評論　混血児問題」「随筆　三百年前よりの爪紅」「雑文　醜業婦の成れの果て」「随筆　長崎・島原・天草」「随筆　長崎の盆祭情調」「雑文　丸山遊女屋日記」「研究　司馬江漢の一考証」「研究　カラスミ考」「随筆　偽物横行南蛮の巻」「研究　密貿易犯科帳」「雑文　御露西亜《オロシア》と靴磨」「随筆　長崎港外伊王島村」「雑文　阿蘭陀通詞の見た食物」「研究　故上野彦馬翁の話・写真事始」「研究　和寇血戦記」「雑文　混血児物語」「随筆　天高肥人」「評

論　写真界に於ける上野彦馬の位置」「感想　創作に現われたる絵踏、絵画、小説、戯曲、舞踏」「研究　写真界の彗星上野彦馬」「実話　赤褌長者の零落ぶり」「研究　写真界の大御所上野彦馬」。以上、三十三篇のほかに、「シーボルトと愛人の手紙」「南蛮屏風に就いて」がある。その他、『長崎日日新聞』に六回連載した「写真界の先達・上野彦馬物語」がある。ラジオ放送では、「写真の渡来して来た頃の話」（六月六日）「和寇の話」（十月五日）がある。この年、文芸家協会評議員二十五名のなかに新任者として選ばれたことも特記すべきことであろう。

写真家としての活躍

昭和九年（一九三四）になると、徳太郎の発表作品は減少する。『文芸年鑑』の「執筆目録」から彼の欄が消えている。長崎出身の民俗学者・本山桂川が創刊した『談叢』（昭和九年七月発行）に徳太郎の「丸山の転向」が載った。丸山遊郭の変貌衰退を嘆いた文章である。

昭和九年、発表作品が減少したのは、大谷利彦は健康上の問題があったのではないかと推測する（続編342頁）。翌十年も『文芸年鑑』に徳太郎の作品は挙がっていない。

しかし、永見徳太郎が昭和十年六月一日執筆の「舞台写真と私」という文章は、海星学園同窓会々報に載せられたもの（八月一日発行）だが、当時の徳太郎の状況を知る情報として再度考察してみよう。

「今日は六月の朔、なつかしき故郷では、シャギリの音が清澄な朝から聴こえて居る事でせう。あの長いお諏訪さまの石段は、踊町のヲッチヤマやアンシヤマや、美しい踊子達が、朗らかに昇つたり降ろしたり、賑はつて居るに違いありません」と、故郷の祭りの始まりを懐かしむ。故郷を離れて十年になる。

「昨夜疲れて夜更けに帰りますと編集部より御書簡が届いて居りました。何か寄稿をとのことでしたがやはり月末と月始めには人並みに忙しい此頃なんです。今迄、拙稿を送らう〳〵と思ひ乍ら、ツイ御無沙汰して申し訳ありません」。なぜ、忙しかったのか。舞台写真の仕事で忙しかったようだ。

「三月に東京宝塚劇場で芸術座の人達が、坪内雄蔵先生の喜寿を祝賀するため、先生の『長生浦島』『ハムレット』がかけられました。舞台稽古に行きまして、坪内先生に写真の作品を差し上げ様と考へ、ライカを使用したのです。／その朝です。先生が他界なさいました悲報がありまして、坪内士行、水谷竹紫、水谷八重子、夏川静江さん達と一緒に泣きました。すべては悲しい思ひ出の写真になつてしまつたのです」。

五月二十日前後には、親しい坂東簑助が松竹から宝塚へ転籍、来る五日と六日の舞台稽古に行くと約束する。吾妻春枝の舞踊の稽古のため十二時ごろ出かける。歌舞伎座では、沢村田之助、水谷八重子としゃべったり撮ったりした。松竹少女歌劇のスター水之江滝子の舞台撮影は半日以上かかる。華やかな仕事だが、「私も身体が痛いほどグッタリしました」という状態だった。

昭和九年・十年に徳太郎の文筆活動が少なくなったのは、写真家としての仕事が重なったせいかもしれない。歌舞伎座における舞台写真撮影をただひとり認められ、それによって収入を得ていた時期があったという。昭和九年十一月二十日から五日間、日本橋の小西六本店で、全日本ライカ協会の会員作品展覧会が開かれ、徳太郎も出品した。

昭和九年から昭和十四年までの活動

昭和九年(一九三四)三月二十五日から五月二十六日までの六十日間、長崎市主催の国際産業観光博覧会が盛大に開かれた。第一会場・長崎市中ノ島埋立地、諏訪公園、第二会場・雲仙国立公園だった。

昭和十年（一九三五）、徳太郎四十六歳。『文芸年鑑』には記載はないが、文筆作品として「ピエール・ロチの『お菊さん』を解剖する」「南蛮料理考」が挙げられる。同年七月八日付『長崎日日新聞』夕刊二面に「長崎市繁栄策として／オランダ屋敷の再建を図れ／永見徳太郎」の三行見出しの記事が出て、十段に及ぶ徳太郎の郷土愛の文章が綴られている。同年十一月、長女トキ、国立音楽学校ピアノ科の同期生・三宅五百彦《いそひこ》と結婚。

昭和十一年八月二十五日『竹紫記念』に徳太郎の「竹紫大人と写真」が載る。女優水谷八重子の義兄にあたる水谷竹紫の一周忌に編まれた冊子である。水谷竹紫は長崎市出身、水谷八重子をトップスターに育てた演劇人である。徳太郎とはカメラ仲間であった。徳太郎の文章中に「私は最近、大病して、病床中の竹紫大人が写真を写したいと呟やかれた心持が良くわかったのであ る」とあるので、徳太郎が脳溢血を起こしたのはこのころであろう。

昭和十二年七月七日、日中戦争が始まる。徳太郎の発表文章としては、七月二十七日発行『アサヒカメラ臨時増刊　最新の写真知識』に「朗かなピンホール写真術」が載る。二月二十一日から二十三日、長崎迎陽亭で永見家所蔵品展観下見および入札がおこなわれ、その第二回目は四月十六日から十八日におこなわれた。長崎歴史文化博物館にその目録二冊が収蔵されている。

昭和十三年（一九三八）四月一日、『長崎茶話』創刊号が発行される。発行所は長崎日日新聞東京支社内長崎茶話会である。長崎茶話会は長崎県出身者で、文筆その他芸術文化関係者の親睦会であった。創刊号に徳太郎の随筆「長崎言葉」が載る。「会員消息欄」には次のように記されている。「永見徳太郎氏　二月十日ＪＯＡＫ（秘話ステッセルの長崎上陸）放送。同二十八日青年歌舞伎『荒城の月』舞台稽古立合。三月中旬新潟県及名古屋旅行の予定。橘神社創建奉賛の連絡理事に就任」。徳太郎の健康は回復したようだ。

昭和十三年四月下旬から五月にかけて、徳太郎は長崎に帰った。十二年ぶりの帰郷であった。四月二十二日、二十三日の『長崎日日新聞』夕刊に、「私の舞台写真展覧会に就いて」（一）（二）が載った。五月三日同紙夕刊には写真展の広告が載る。期日は五月三日より五月七日まで。会場は長崎商工奨励館別館。四月三十日に長崎放送局から「開国時代の流行歌」の題でラジオ放送があった。『長崎茶話』第二号（昭和十三年十二月発行）に、随筆「奇遇」を発表。帰郷旅行中に出会った人々のことを語った文章である。

昭和十四年（一九三九）、『浮世絵界』十二月号に「長崎版画点描考」を寄稿する。このころの徳太郎宛書簡に坂東三津五郎や市川猿之助などの歌舞伎役者からのものが目立ち、徳太郎の交友関係の一端をうかがわせる。また一方、十二月十五日付の田中万宗（仏教美術研究家）からの返書には、徳太郎所有の全長六寸の六願仏像は、彼が期待するほど高価なものではないので、売却を見合わせるようすすめているのが見られる。昭和六年（一九三一）十二月、池長孟に南蛮紅毛史料を譲渡した徳太郎だが、昭和十二年（一九三七）、長崎の迎陽亭で二回にわたり、永見家所蔵品展観がおこなわれたことなどを考えると、徳太郎は古美術品などをまだ収蔵していて、かつ、骨董商のような営みをしていたのではないかと推測される。

第六章

東京からの脱出

第1節　吉浜海岸への転居

熱海に住む谷崎潤一郎のご近所へ

永見徳太郎夫妻が東京都西高井戸の家を売却して、神奈川県西端の吉浜海岸（現在の湯河原町吉浜地区）に移住したのは、昭和十五年（一九四〇）八月から九月にかけての時期だった。徳太郎にとって戦時色が強まっていく東京での生活がつらくなっていたのであろう。吉浜の家は西高井戸より狭い借家であったが、鮮魚や野菜類が入手しやすく、食通の徳太郎にとっては魅力であった。古くからの知人であった画家の三宅克己が吉浜海岸に近い真鶴町に住んでいたことも移住の理由であったかもしれない。

昭和十五年の徳太郎の文筆活動の詳細は不明である。日蘭協会からの原稿依頼の書状が残されているので、同協会との交渉はあったものと思われる。また、国際文化振興会から「御珍蔵の出島絵巻物一巻」の拝借陳列の依頼状も来ているので、まだ徳太郎は史料などを所蔵していたことがうかがわれる。

昭和十六年（一九四一）三月、徳太郎の長男・永見良は慶應大学文学部東洋史学科

を卒業し、満州で軍の特務機関の仕事にたずさわることになった。同年七月二十七日付国際文化振興会文書は、徳太郎が貸与した「ジャカルタ船図壱幅」「長崎屋二階図壱幅」に対する礼状だった。八月二日付ドイツ大使館文書は、長崎絵に関する原稿依頼状であった。九月二十二日付早稲田大学演劇博物館の感謝状は舞台写真寄贈についてのものだった。なお、「坪内博士記念・演劇博物館設立基金醵金者名簿」と「資料寄贈者名簿」に永見徳太郎の名前が載せられている。若い時代からの演劇愛好家であり、戯曲集刊行の経験と、坪内逍遥への敬愛の念が寄附や寄贈をおこなわせたのであろう。

昭和十六年十一月、ドイツ大使館より、徳太郎の原稿に対する稿料（郵便為替にて金二百円也）を通知する内容の書簡が遺されている。同盟国ドイツは徳太郎の原稿を優遇したようだ。昭和十六年十一月二十日、『長崎文化物語』が発行された。編著者は本山桂川と福田清人である。これは以前の『長崎茶話』を発展させた雑誌であった。徳太郎は「朱印船素描」を寄稿している。

昭和十七年（一九四二）一月三十一日付谷崎潤一郎の徳太郎宛て書簡には、「家族三人に女中一人ぐらゐで住む狭い家で結構ですが小生の仕事部屋にあてられる部屋が一つこれは是非必要なのです…」の文面がある。谷崎潤一郎は仕事するための家を探していた。三月になって谷崎は熱海市西山五九八番地に別荘を購入し、『細雪』の執筆にかかったのである。昭和十七年四月十四日付の谷崎潤一郎から徳太郎宛ての葉書が県立長崎図書館に収蔵されている。宛先は、「神奈川県足柄下郡吉浜海岸・永見徳太郎様」である。差出人先は、「熱海市西山五九八・谷崎潤一郎生」とある。

文面は、「去る十一日より漸《ようや》く此の家に住み込みましたまだ毎日買物に忙しく又一両日東京へも行て参るつもりです唯来る二十日前後一片づきした時分に参上、尊上にて是非一度此方へも来て頂きますいづれ拝顔の上　万々」とある。この時期、谷崎と徳太郎は近くに住んでいて親しい間柄だった。

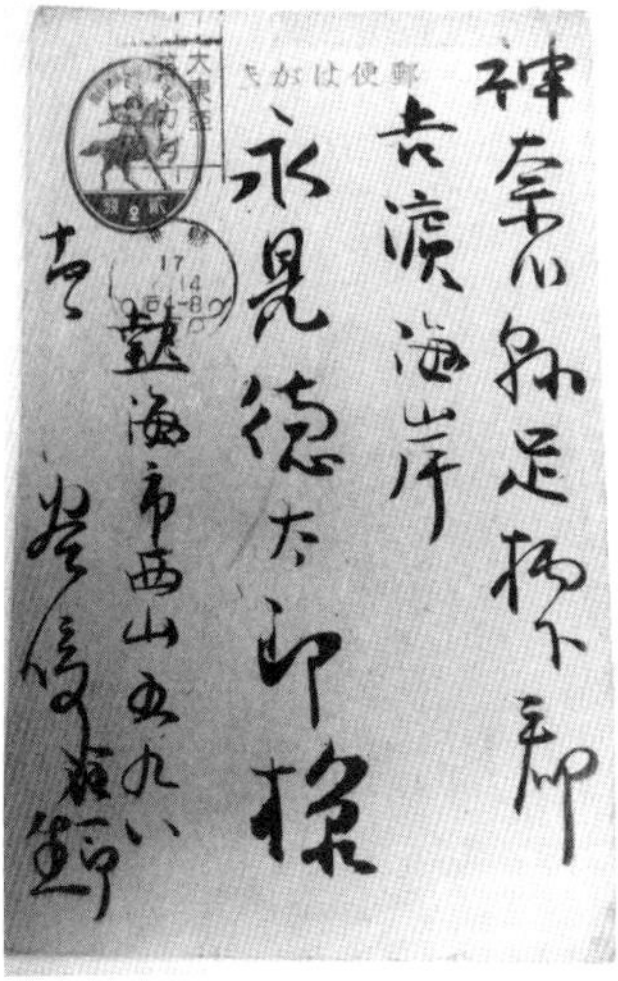

徳太郎宛谷崎潤一郎葉書
（県立長崎図書館蔵）

昭和十七年三月発行の『大和絵研究』第二号は「南蛮美術特輯」で、徳太郎は「長崎洋画の道程」を寄稿した。この年は、歌舞伎役者の坂東鶴之助（四世中村富十郎）からの手紙が多数あった。また、『大阪毎日新聞』と『東京日日新聞』に「海援隊」を連載中の作家・浜本浩からの手紙も注目される。徳太郎は史料や助言を浜本に送っていたが、浜本は文士徴用のため満足なお礼ができないことを詫びていた。八月三日付国際文化振興会の書留便は、機関誌『国際文化』の印度事情特集号への寄稿礼状で、謝礼四十円の小切手が同封されていた。

第2節　熱海市への転住

売り食い生活のなかで美術品を手放す

昭和十八年（一九四三）、徳太郎は五十四歳である。六月二十日、画家・鈴木信太郎の手紙には、カンバスや舶来絵具をもらったことが書かれている。『歴史日本』昭和十八年一月号随筆欄に、徳太郎の「長崎の正月・絵踏」が載る。七月、初孫・三宅捷《とし》彦《ひこ》誕生。同年十月、徳太郎著『南蛮美術集』の新摺本が出た。五百部限定。定価十円のほかに、戦時下の特別行為税相当額七十三銭と物品税三円二十二銭が加算されている。

昭和十九年の徳太郎の文筆活動の記録は皆無である。熱海市西山の別荘に滞在中の谷崎潤一郎の日記三月十七日の条に、「午前十時頃朝食中に永見氏夫妻来訪」「永見氏夫妻は孔雀風呂に入り夕食をしたためて後又来訪。七時頃まで話して帰る」とある。徳太郎は湯河原駅で乗車して熱海の谷崎の別荘を訪れたのである。東海道本線で一駅だが、切符入手に苦労したらしい。

この年四月上旬、徳太郎は熱海市西山の磯八荘に移転する。磯八荘は谷崎の別荘の近くであった。磯八荘は温泉付きの旅館で、徳太郎は二階建ての階上の四部屋をすべて借り切っていた。吉浜時代の途中まで女中を使っていたが、永見夫妻だけの生活となった。

『谷崎日記』昭和十九年七月二十五日の条に、「夕刻磯八荘に永見氏を訪ね湯をもらう、夕食後永見氏菊原氏のレコードを聴きに来る。九時過辞去」。八月十六日の条に、「夕刻永見氏娘夫婦をつれて三十分ほど見ゆ」。十二月九日の条に、「永見氏夫妻来訪」。十二月十日の条に、「永見氏夫妻送る」。十二月三十一日の条に、「午前中永見氏来訪」。以上のように、近くに住んでいたので徳太郎は谷崎と頻繁に面会したようだ。谷崎は翌年の五月、熱海を去り、岡山県下に疎開する。

昭和二十年（一九四五）、空襲で焼け出されたあと、三宅夫妻も磯八荘に同居（終戦をはさんで一年ほど）。しばらくして、松本てう（永見銀子の母）も同居。孫の捷彦を含めて六人暮らし。八月九日、長崎原爆投下。故郷の惨状を徳太郎はどのような気持ちで聞いただろうか。八月十五日、終戦。

八月二十二日付藤懸静也（美術史家）の徳太郎宛て返信に広重の「近江八景」八枚揃いの価値を知らせる文面があり、いわゆる売り食い生活のなかで、徳太郎は美術品を手離さなければならなかったと思われる。

永井荷風や斎藤茂吉とのはがきのやりとり

永井荷風は昭和二十年九月一日から翌年一月十六日まで熱海の借家に住んでいた。荷風と徳太郎の交際がどの程度だったかは不明だが、大正十二年（一九二三）の関東大震災の折、徳太郎は在京の人々に多数の見舞状や物品を送った。その感謝の返信が『尺牘集』に四十通近く保存されていて、そのなかに、永井荷風のものもあるので、なんらかの交際が大正時代からあったものと思われる。荷風の熱海在住時代に徳太郎と面会したかもしれない。

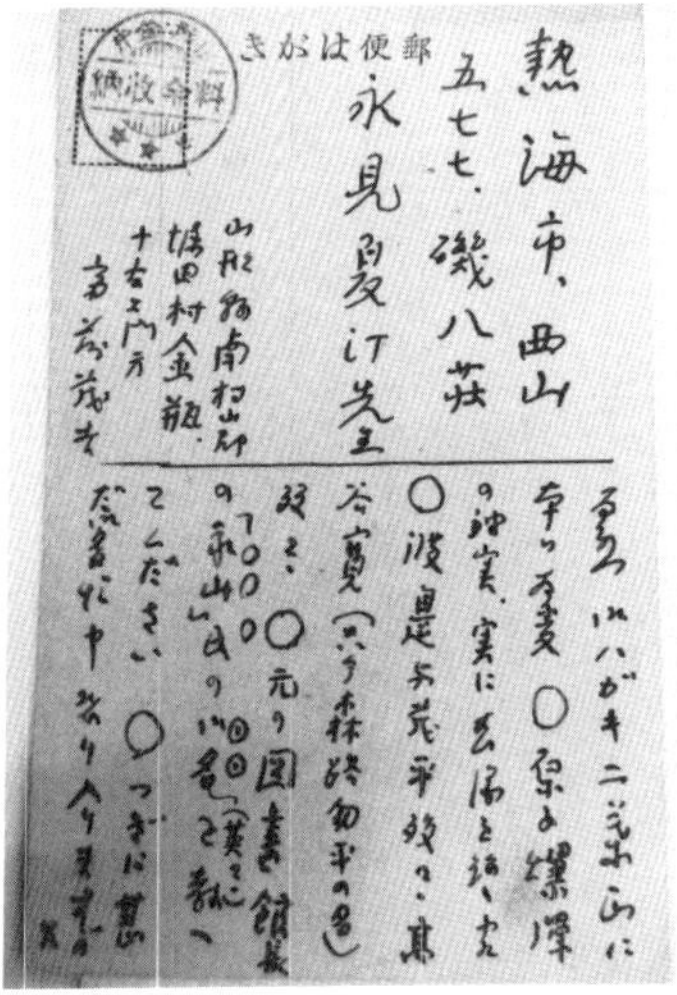

徳太郎宛斎藤茂吉葉書
（県立長崎図書館蔵）

昭和二十年九月十七日付斎藤茂吉の徳太郎宛て「郵便はがき」が県立長崎図書館に収蔵されている。宛先は「熱海市、西山五七七、磯八荘・永見夏汀先生」。差出人先は、「山形県南村山郡堀田村金瓶、十右衛門方　斎藤茂吉」。昭和二十年六月、茂吉が金瓶に罹災転出した折の挨拶の印刷葉書を使い、葉書の表の半分から箇条書きの文章を書き始める。次のような文面である。

《拝啓　御ハガキ二葉正に本日拝受　○原子爆弾の被害、実に想像を絶し中候　○彼是与茂平歿?・高谷寛（只今森路匆平の名）没?・○元の図書館長の「永山」氏の御名（英?）を教へて下さい　○つぎに甚だ御多忙中恐り入りますが長崎オランダ絵にて御所持の写真中、「美人の顔」か、動物やうのものにて、（或はほかのものでもかまひません）が小生の長崎時代の歌集の挿絵にしてよいものがありましたら、御恵与ねがひます。御諏訪祭でも、何でもかまひません。〇大浦ホテルは「長崎ホテル」か「大浦ホテル」か御教ねがふ。〇拙詠三首、何ともありがたし、奥様によろしく御願いたします。御かげにて二十四五年まへの風光にひたりをります》

葉書の裏面の印刷文の間にペン文字を書き込み、日付も九月十七日と訂正しているのである。敗戦から間もない物資不足のとき、葉書も節約したのだろう。時代を感じさせる葉書である。原爆投下で長崎の歌の弟子たちのことを気遣っている文言もある。その一方で、長崎時代の歌集（『つゆじも』）の計画も語っているのである。茂吉にとっての第三歌集『つゆじも』は昭和二十一年（一九四六）八月、岩波書店より刊行された。

永井荷風が熱海を去ったあとの『断腸亭日乗』昭和二十一年（一九四六）五月二十九日の条に、「熱海永見徳太郎来書」、七月十七日の条に「熱海永見氏来書」とある。また、七月二十二日付徳太郎宛て荷風書簡は、次のような文面である。「時節柄重宝得がたき物かずく〳〵御送付被下御厚情誠に難有存候この頃は御覧の通洋紙にペンがきとなり新しき物御座なく候間古きもの差上候御笑覧被下度候新涼の時節にもなり候はゞ一度御尋致度候　御返事まで　荷風生」。

文中の「古きもの」とは、荷風の旧原稿であろう。徳太郎が荷風の自筆原稿を所望したのであろう。徳太郎は心づくしの音物を送った。この時代、まだ徳太郎には物質的な余裕があったと考えられる。徳太郎は長崎の菩提寺・長照寺住職宛に、先祖の永代供養を重ねて依頼している。それに対する住職・浅井円照の四月十三日消印返書が残されている。

この年、年末までの間に徳太郎は、熱海市西山六一四番地凌雲荘に転居している。磯八荘が閉鎖したためである。凌雲荘は磯八荘から道を少し登ったあたりにあった別荘であった。隣家は歌人の佐々木信綱が住んでおり、徳太郎は自作の短歌を見てもらったという。

図書館・博物館に郷土資料を寄贈

昭和二十二年（一九四七）十月二十六日と十一月十八日に大村市に疎開していた古賀十二郎宛ての徳太郎書簡には、長崎俳壇のことと、三度目の南蛮屏風研究中のことが書かれていた。

昭和二十三年（一九四八）七月、県立長崎図書館より、徳太郎に二回にわたり寄贈礼状が送られている。七月一日付の品目は「秋月、柳河、対州乃国用控」「寛政唐人屋敷門鑑」「五ヶ所宿老文集」「銀札二枚」などである。七月十二日付は寄贈図書目録全六十五冊である。これら寄贈書は長崎図書館『郷土資料目録』に「永見文書」と付記して掲載されている。十一月十五日付徳太郎宛藤懸静也書簡に「…さて玉稿並に挿絵画御送付下され正にお預かり申候…」とあるので、原稿や史料を送ったのであろう。

昭和二十四年（一九四九）、徳太郎は六十歳になった。二月二十日、三宅トキに女子が生まれる。徳太郎の孫娘まみである。のちに宝塚歌劇団に入り、雪組で舞台名・桃千景として活躍する。

二月二十三日付の市立長崎博物館の徳太郎宛て寄贈礼状がある。多数の郷土資料を寄贈したのである。三月十六日に、徳太郎は大村市在住の古賀十郎に葉書を出している。古賀からの問い合わせに答えた内容である。「永見友吉」は徳太郎良一の祖父・徳太郎満雅の弟・永見伝三郎のことと答えているようである。昭和二十四年四月一日発行の『国華』に徳太郎の「川原慶賀に就て」が掲載されている。そのなかで川原慶賀作の「永見福十郎お絵像」のことを述べている。永見福十郎は永見徳太郎良一の曽祖父にあたる人物である。

この時期に徳太郎が所蔵品の寄贈をおこなったことについて、嫡男・良との確執、葛藤があったと考えられる。大谷著続編399頁の記述を引用すると、次のようである。
《良は戦後早く外地から帰還し、西山の磯八荘に住む両親のもとへ身をよせたが、ほとんど定職につかず生活が安定しなかった。良には父徳太郎が家産を失ったことへの不満がつのり、しばしば非難の言葉を浴びせたという。縁故者の談話によると、徳太郎もまた、良の内向的性格や、肉親、親族になじまずにことさら背を向けがちな態度をうとましく思うに至り、あげくのはて、身辺の貴重な資料類、著書、財物などが将来散逸、費消されることへの危機感を次第に強めていたようである》
昭和二十四年七月二十九日の『長崎日日新聞』に「永見氏寄贈／郷土史料展」という見出しの記事が掲載された。「県立長崎図書館では七月十八日から八月十七日まで階下史料展示室で長崎市出身文芸家および郷土史研究家永見徳太郎氏の寄贈による史料展示会を催す…（以下略）」という内容の記事であった。
この年の秋、徳太郎は東京都武蔵野市境に住んでいた娘三宅トキ宛ての絵葉書に、「夕月の　西へわたるは　ふるさとの　九日（くんち）の街を　照らさんが為」の短歌を書いて送った。切手の消印は十月三日、諏訪大祭（おくんち）の庭見世の日であった。

故郷のお祭りを恋しく想う望郷の歌であったのだろう。

第3節　晩年

不遇の徳太郎を慰めた画家・鈴木信太郎

昭和二十五年（一九五〇）一月二十四日、銀子の母てうが東京三鷹の養嗣子・松本重助宅で死去した。享年七十五であった。銀子は心臓を病み、熱海からは徳太郎だけが葬儀に参加した。二月十八日に徳太郎は娘トキ宛に葉書を送った。そこには、孫二人のことを詠んだ短歌が書かれてあった。この葉書の徳太郎の住所は、熱海市上多賀《かみたが》七四二である。そこが徳太郎の最後の住居となった。そこは磯八荘や凌雲荘と違って、粗末な農家を板戸で仕切ったようなものだったので、徳太郎はそこで人と会うことを拒んだ。人と面会するときは別の場所を指定したという。かつての富豪のプライドが許さなかったのであろう。

徳太郎没後の昭和三十一年（一九五六）十月一日付『西日本新聞』に、林源吉が「永見夏汀君を想う」という追悼記を載せた。そのなかで、徳太郎と画家・鈴木信太郎の昭和二十五年当時の寄せ書きの葉書を紹介した。この葉書は昭和二十五年五月下旬熱海市伊豆山の温泉宿からの投函と推定される。「晩年不遇の夏汀をいたわり慰めてくれたのは鈴木信太郎画伯である。夏汀の横顔を淡彩で描いたハガキに、コレハ熱海で永見さんに会った横顔です。一夜浪の音をきゝ乍らナガサキの話をしました」の文面がある。

鈴木信太郎が初めて長崎を訪れたのは、昭和二十四年五月だった。万屋町の今村医師宅に四十数日滞在、東山手の秦美穂宅に三泊して、郷土史家・渡辺庫輔との接触が多かったという。鈴木はその後何度も長崎を訪れ、長崎を描く画家の一人となった。徳太郎との親しい交際は戦前からのものであり、徳太郎からの刺激も大きかったと思われる。

徳太郎は所用で上京しても、武蔵野市境の三宅夫妻のもとを訪ねる時間がないときは、葉書に短信をしたため東京駅から投函することが何度もあったという。昭和二十五年五月二十日付の三宅トキ宛ての葉書は、発信地は「熱海市伊豆山さがみ屋」となっており、文面は以下の通りである。

《先日は馳走多謝／鈴木画伯とこちらに滞在中。上京の時、まみちゃんに同画伯

の絵をもつてきますから楽しみにして居ります／ではまた／五月廿日／五十彦さん、とし坊によろしく》

このときの鈴木信太郎の描いた人形の絵は、孫娘まみの手もとに今もあるという。鈴木信太郎は昭和二十五年六月、第二回目の長崎旅行に出発した。六月二十三日に長崎に着き、八月七日、帰京の途についた。この滞在中、七月十九日から二十三日まで、長崎市主催、地元新聞社ほかの後援で浜屋百貨店を会場として個展を開いた。七月十日付の鈴木信太郎から徳太郎への手紙が存在する。その内容は林源吉に面会して、用件の話をしたとのことである。「版木の件はまだ具体的の問題が確定していなゐのでそのまゝ進行せず頓挫《とんざ》してゐる次第との事です　それ故返事をすることが出来ないそうです」の文面がある。

「徳太郎は、博物館への郷土資料の一括寄贈に対する長崎市よりの謝礼金交付の件が促進するよう、林源吉に依頼状を出していたものと思われる」と大谷は述べている（続編410頁）。

林源吉は、当時、市立長崎博物館主事を辞任後、嘱託の身分で戦後の復興に尽力していた人である。徳太郎より七歳年長の友人であった。この件に関して、『長崎市立博物館々報』第十四号（一九七四年二月発行）に、越中哲也の文章がある。その箇所を引用すると、次のようである。

《この書簡文の寄贈については島内八郎先生のお話によると昭和二十四、五年頃本大工町の故松本源次氏より〈永見も相当生活に困っているので長崎版画の版木を長崎に寄贈するので其の代償として金を永見に送ってくれないか〉との相談があり、三十万円を送ることになった。夏汀はこの送金のことを非常に嬉んで版木に添えて書簡集も併せて送ってきたのであるという》

妻を残して失踪

昭和二十五年九月二十二日付三宅トキ宛ての文面は次の通りである。

《こちらは大火後市区改正にて家ハます〳〵無く閉口、時々上京しますが時間の都合にて御目にかゝりません残念です、永井の伯父さん（注：永井誠夫医師）や剛君（注：永井の長男）に逢はれたら、何時も御世話になると御礼を言って下さい、当方平安、そちらの御一同の平安を祈り居ります》

晩年の徳太郎は、滝野川の義弟永井医師を頼りとしたという。熱海の大火は四月十三日発生。焼失家屋は千十五戸に達した。徳太郎は上多賀の農家を出て、適当な家を探していたようだが、困難になった。この葉書の宛名書きの下に、徳太郎の短歌が五行書きで記されていた。「苦と楽と／有りもあらずも／現し世は／無情有情の／風のまに〳〵／夏汀」。このころの徳太郎の心境を表しているようだ。

十一月十二日、徳太郎は三宅夫妻に葉書を書いた。「皆さん御元気なりや御平安を祈ります逢つて話をしたいのがその意も出来ず残念です／何卒御無事を／十一月十二日」。文章は乱れているようで、哀れを誘う文面である。

十一月二十日、徳太郎は上多賀の家を出て、二度と帰らなかった。病妻・銀子への遺書は郵便で届いた。夏汀堂の名入りの洋封筒に便箋代りの葉書に書いた短い遺書であった。「妻として永年をつくしていたゞ／きし事ハ霊の残る間感謝す／るでせう実に気の毒です御わびし／ます／　版木の件ハ必ず出来ます／　十月廿日／夫より」。十月の月付は徳太郎の間違いであろう。文面には妻への感謝とお詫びの気持ちがあふれ出ている。「版木の件」は、残された妻の生活を懸念しての文言だろう。徳太郎失踪から九カ月後に、永見宅に長崎市より、貴重な郷土資料の寄贈に対して、当時としては高額の三十万円が送られたという。

相模湾の海で入水自殺か

失踪後半年以上経過した昭和二十六年（一九五一）七月十六日の『長崎日日新聞』に、「三原山に投じたり？／永見氏謎の失そう遂ぐ」の見出しで、五段組みの記事が掲載された。三原山投身説は、かつて徳太郎が長崎出身の作詞家・西岡水朗に語ったことによる伝聞にすぎず、まったく信憑性はないだろう。記事は、妻の銀子から松本源治、林源吉など数名の知己に、「徳太郎が昨年十一月二十日ごろ洋傘一本を持ったまま漂然と家出以来、行方がわからず、日ごろ口ぐせに長崎にもう一度行きたいともらしていたから長崎を訪れるかも知れぬ」という手紙が届いていたことを報じている。徳太郎は望郷の思いを抱きながら、相模湾の海で入水自殺をはかったのでなかろうか。

昭和二十七年（一九五二）十月二十三日、永見銀子は熱海市上多賀の寓居で心臓病の悪化で死去した。五十九歳だった。徳太郎の嫡男・良は、両親の死後、菩提寺・長照寺の永見家墓地を大幅に整理縮小した。約六分の一に縮小された現状は、「永見家累代之墓」と刻まれた一基のみである。その墓碑の右側面に徳太郎・銀子夫妻の法名、俗名、行年などが刻されている。「永宝院尚徳日賢居士　昭和二十五年十月二十三日永見徳太郎　六十才」「宝樹院妙浄日銀大姉　六十才」。徳太郎の命日は、妻銀子は生前、失踪先からの遺書を送った十一月二十日と定めていたので、十月二十三日は間違いであろう。また、銀子の行年は満五十八歳、数え年五十九歳である。徳太郎は満六十歳、数え年六十一歳。二人の行年を合せたのは、どういう事情だろうか。

　昭和三十一年九月三十日、命日と推定される日を繰り上げて、徳太郎ゆかりの人々が集まり、長照寺において七回忌を営んだ。それに先立ち、同年九月二十六日の『長崎日日新聞』は、林源吉の「夏汀永見徳太郎の生涯」を掲載し、「夏汀氏追善供養」の予告記事を載せている。『長崎日日新聞』はこのあと、十月一日、二日と続けて写真入りで当日の様子を報道した。十月一日は、「永見さんの遺徳をしのぶ／長崎文化をひろく紹介／友人ら集まり七回忌」と三行見出しをつけ、十月二日の記事の見出しは、「忘れ得ぬ夏汀の業績／永見氏を忍ぶつどい」となっている。

おわりに

永見徳太郎の伝記については、大谷利彦先生が「永見徳太郎の生涯」の副題のもとで出された、『長崎南蛮余情』（長崎文献社、一九八八年）と『続長崎南蛮余情』（長崎文献社、一九九〇年）の大著がある。大谷先生は前者を正編、後者を続編とされていたので、本書で引用する場合、その略称を使わせていただいた。

本書が大谷先生の著述と異なるところがあるとすれば、徳太郎の海星商業学校在籍の事実であろう。私は昭和五十五年（一九八〇）から二十九年間、海星学園に勤務したので、海星学園に保存されている資料を見る機会が多かった。海星学園には永見徳太郎が海星の同窓であるという伝承があった。徳太郎の商業学校在籍の記述には大谷先生も苦慮され、市立長崎商業学校中退説を採っておられるようである。しかし、商業学校とはいってもそれは私立海星商業学校だったのである。海星学園では、旧制の中学校に移行する以前、「海星商業学校」であった時期がある。それは明治三十六年（一九〇三）四月より大正四年（一九一五）三月、商業学校第十一回の卒業生を送り出すまでの時期である。徳太郎が在籍したのは、明治三十八年（一九〇五）から同三十九年までの一年間であった。このことは、海星学園の事務室に保存されている「学籍簿」から証明できる。

永見徳太郎は多くの文化人と交流した人である。そのなかで、竹久夢二、斎藤茂吉、芥川龍之介については、多くの頁を割いて叙述した。彼らと徳太郎の交流はとくに色濃いものだと思われたからである。竹久夢二の永見邸の滞在は、従来十日間ほどとされてきたが、九州在住の安達敏昭氏や粟田藤平氏の研究調査により、実際は二十五日間くらいにはなると推測される。滞在中の御礼のため、夢二が徳太郎に贈った「長崎十二景」「女十題」や、代表作とされる「黒船屋」は長期の長崎滞在中にヒントを得た作品のように思えるのである。

最後に、「長崎偉人伝」の人物としての、永見徳太郎の功績についてまとめてみたい。徳太郎は年少のころより、絵画、写真、文芸など芸術文化の趣味があり、また、その方面の実作者でもあった。徳太郎が交流した画家や文人は数多く、これほど多くの著名な文化人と交流した人物はいない、と思われるほどである。これには徳太郎の交際好きと筆まめな性格が働いていたと思われる。

長崎市銅座町に在住のころは、先祖伝来の実業で稼いだ財産家であった。その財力を芸術文化のために惜しげもなく使った。気に入った画家の作品はできるだけ購入した。小説家の生原稿もお金で買い求めた。画家や文人が長崎を訪れる際は積極的に宿を提供し、長崎文化の紹介に努めた。

徳太郎は古賀十二郎を中心とする長崎の歴史や文化の勉強をおこない、貴重な歴史資料や美術品のコレクターとしても知られていた。とくに南蛮美術の収集・研究はすぐれた業績であった。

大正十五年（一九二六）の東京移住後は、みずから出版業も兼ね、『長崎版画集』『画集　南蛮屏風』『長崎乃美術史』を刊行した。『南蛮長崎草』『南蛮美術集』『南蛮屏風大成』はほかの出版社からでた本である。とくに『南蛮屏風大成』は大著であり、徳太郎のライフワークであった。

昭和六年（一九三一）、徳太郎は南蛮紅毛美術品を神戸の池長孟に譲った。池長ならこれらの美術品を保存してくれるだろうとの思いが徳太郎にはあった。幸いなことに、現在、徳太郎が収集した南蛮紅毛美術品は「神戸市立博物館」に収蔵・展示されている。

　昭和七年、八年と徳太郎は種々の雑誌に多数の文章を寄稿している。この活動は長崎文化の紹介や伝道に役立った業績であると考えられる。昭和九年以降、文筆活動は少なくなっていくが、このころ舞台写真家としても活躍していたのである。

　昭和十五年（一九四〇）、徳太郎は吉浜海岸（現在の湯河原町内）に移住、さらに熱海市に住むようになる。芸術文化への情熱は薄れていなかったが、なにしろ、戦時体制下や敗戦後の時代が、徳太郎には適応していなかった。徳太郎は身辺整理をするかのように、みずから収集した資料や手紙類を公的機関に寄贈した。今日、私たちは長崎の図書館や博物館に収蔵されている永見関係資料を閲覧するにつけ、徳太郎の長崎文化に対する情熱と筆まめな性格の存在を知るのである。

　本書を成すにあたって、長崎文献社の堀憲昭氏のお世話になった、感謝申し上げる次第である。

永見徳太郎略年譜

年齢は数え年

明治二十三年（一八八〇）	一歳	八月五日、四代目永見徳太郎の四男として出生。幼名・良一。
明治三十二年（一八九九）	十歳	六月十四日、父・四代目徳太郎病没（四十九歳）。
明治三十八年（一九〇五）	十六歳	三月、高等勝山小学校卒業。四月七日、私立海星商業学校本科に編入。
明治三十九年（一九〇六）	十七歳	一月十一日、兄の五代目徳太郎（竹二郎）が死去（二十三歳）。弟の良一が六代目徳太郎を襲名。
		四月六日、私立海星商業学校を家事の都合上、退学。
明治四十四年（一九一一）	二十二歳	九月十九日、東京府豊多摩郡渋谷町藤井銀子（十八歳）と結婚。
明治四十五年・大正元年（一九一九）	二十三歳	三月十日、長女トキが出生。
大正五年（一九一六）	二十七歳	一月十九日から四月中旬まで、インド旅行。
大正六年（一九一七）	二十八歳	八月、長男良が出生。
		十二月十八日、斎藤茂吉（三十六歳）が長崎医学専門学校教授として着任。
大正七年（一九一八）	二十九歳	八月十七日ころ、画人・竹久夢二（三十五歳）が永見邸を訪れ、九月十日すぎごろまで滞在。
大正八年（一九一九）	三十歳	五月七日、芥川龍之介（二十八歳）、長崎着。二日おくれて菊池寛（三十二歳）来崎。七日間ほど永見邸に滞在。

大正十年（一九二一）	三十二歳	一月、商業会議所二級議員となる。
		三月十六日、斎藤茂吉、夜行列車で長崎を去る。
		三月下旬、長崎市会議員に当選。
大正十一年（一九二二）	三十三歳	五月十日から二十九日まで、芥川龍之介の長崎再遊。
		九月十九日と二十日、長与善郎、永見家に一泊。徳太郎から「南蛮鋳物師萩原祐佐」の話を聞く。
大正十二年（一九二三）	三十四歳	十二月二十五日、徳太郎はブラジル国名誉領事となる。永見邸内にブラジル国旗を掲揚する。
大正十三年（一九二四）	三十五歳	六月五日、長崎栄之喜座にて、帝劇女優劇公演初日。徳太郎の戯曲「星架披（シンガポール）の夜」が上演される。
大正十四年（一九二五）	三十六歳	一月、商業会議所一級議員となる。
		冬、徳太郎、上京して芥川龍之介に会う。東京転住のことを話す。
大正十五年・昭和元年（一九二六）	三十七歳	一月八日、谷崎潤一郎が永見家訪問。
		三月上旬、永見徳太郎一家、長崎を去り東京へ移住。
昭和二年（一九二七）	三十八歳	七月十五日ころ、徳太郎は芥川龍之介宅を訪問。「河童」の原稿をもらう。
		七月二十四日、芥川龍之介、薬物自殺。享年三十六。

昭和三年（一九二八）	三十九歳	海星学園同窓会々報『窓の星』15号（三月三十一日発行）に「年頭の感想」と題した文章を発表する。
昭和五年（一九三〇）	四十一歳	十二月二十六日、二十七日、「長崎物語」の題でラジオ放送に出演。
昭和六年（一九三一）	四十二歳	十二月、南蛮紅毛美術の収蔵品二五〇点を神戸市在住の池長孟に譲渡する。譲渡価格五万円。
昭和七年（一九三二）	四十三歳	精力的な執筆活動を行う。『文芸年鑑』には、徳太郎の二十六篇の発表作品が載っている。
昭和八年（一九三三）	四十四歳	旺盛な執筆活動を続ける。この年、文芸家協会評議員二十五名のなかに、新任者として選ばれる。『文芸年鑑』には、三十三篇の作品名があがっている。
昭和九年（一九三四）	四十五歳	この年、急激に発表作品が減少する。健康的な問題か。あるいは、写真の仕事で多忙であったのか。
		九月一日、竹久夢二死去。享年五十一。
昭和十年（一九三五）	四十六歳	海星学園同窓会々報『海の星』第二十六号（八月一日発行）に、「舞台写真と私」を寄稿。
		十一月、長女トキ、国立音楽学校ピアノ科の同級生・三宅五十彦と結婚。
昭和十三年（一九三八）	四十九歳	四月下旬から五月にかけて、長崎に帰った。十二年ぶりの帰郷であった。

		四月三十日、長崎放送局から「開国時代の流行歌」の題でラジオ放送をした。
昭和十四年（一九三九）	五十歳	歌舞伎役者との交友関係の書簡が見られる。一方、徳太郎の東京生活は次第に窮屈になってきた。
昭和十五年（一九四〇）	五十一歳	八月から九月ころ、杉並区西高井戸の家を売却し、神奈川県足柄下郡吉浜海岸の借家に転居（現在の湯河原町吉浜地区）。
昭和十六年（一九四一）	五十二歳	二月、長男・良、満州の特務機関に就職（慶應大学文学部東洋史学科卒）。
		このころ、「早稲田大学演劇部博物館」に、舞台写真を寄贈した。
昭和十七年（一九四二）	五十三歳	一月三十一日付徳太郎宛て谷崎潤一郎書簡には、仕事部屋のための家を探している旨のことが書いてある。三月、谷崎は熱海市西山五八九番地に別荘を購入。「細雪」の執筆を継続。
昭和十八年（一九四三）	五十四歳	七月、初孫・三宅捷彦《としひこ》誕生。
		十月、『南蛮美術集』の新摺本が出る。五百部限定、定価十円のほかに物品税。
昭和十九年（一九四四）	五十五歳	「谷崎日記」三月十七日の条に、永見夫妻が来訪の記述がある。徳太郎夫妻は湯河原駅から東海道線上り一駅熱海まで、やっとの思いで乗車できた。

		四月、徳太郎は熱海市西山磯八荘に転居。谷崎別荘の近くで、親しい交際をする。
		谷崎は翌年の五月、熱海市を去り、岡山県下に再疎開。
昭和二十年（一九四五）	五十六歳	空襲で焼け出された三宅夫妻も、磯八荘に同居（終戦をはさんで一年間ほど）。
		しばらくして、松本てうも同居。孫の捷彦も含めて六人暮らし。
昭和二十一年（一九四六）	五十七歳	この年の年末までの間に、熱海市西山六一四番地凌雲荘に転居。凌雲荘は別荘であった家で、隣家には歌人の佐々木信綱が住んでいた。徳太郎は信綱に自作の短歌を見てもらったという。
昭和二十四年（一九四九）	六十歳	二月二十日、三宅トキに女子が生まれる。徳太郎の孫娘まみである。
昭和二十五年（一九五〇）	六十一歳	一月二十四日、銀子の母てうが東京三鷹の養嗣子松本重助宅で他界した。
		銀子は心臓を病み熱海からは徳太郎が葬儀に参加した。
		十一月二十日、徳太郎は上多賀の家を出て二度と帰らなかった。病妻銀子への遺書は郵便で届いた。
		※遺族はのちに、遺書が投函された十一月二十日を命日とした。

著作一覧

『夏汀画集』私家版（一九一二年）
『夏汀画集　巻二』私家版（一九一五年）
『夏汀画集第参　印度の巻』私家版（一九一六年）
『印度旅日記』私家版（一九一七年）
『愛染艸』表現社（一九二四年）
『月下の沙漠』人と芸術社（一九二四年）
『恋の勇者』表現社（一九二四年）
『阿蘭陀の花』四紅社（一九二五年）
『長崎版画集』夏汀堂（一九二六年）
『続長崎版画集』夏汀堂（一九二六年）
『南蛮長崎草』春陽堂（一九二六年）
『画集　南蛮屏風』夏汀堂（一九二七年）
『長崎乃美術史』夏汀堂（一九二七年）
『南蛮美術集』芸艸堂（一九二八年）
『びいどろ絵』芸艸堂（一九二八年）
『続々長崎版画集　長崎八景』夏汀堂（一九二九年）
『南蛮屏風大成』巧芸社（一九三〇年）
『珍しい写真』粋古堂（一九三二年）
『南蛮美術集』（新摺本）大雅堂（一九四三年）

参考文献

大谷利彦著『長崎南蛮余情』「正編」「続編」長崎文献社（一九八八年・一九九〇年）
武野要子著「長崎商人・永見家の一研究」・『福岡大学商学論叢』（第三十四巻第二・三号）所収（一九八九年）
小川幸伸著「幕末期長崎商人間の株移動—長崎商人永見家の株移動を中心に」『中央史学』第十四号所収（一九九一年）
三浦忍著「幕末・維新期長崎における対馬藩大名貸」・『長崎県立国際経済大学論集』第九巻第二号所収（一九七五年）
十八銀行史『九十年の歩み』（一九六七年）
真木洋三著『五代友厚』文藝春秋（一九八六年）
橋本国広編『海星八十五年』海星学園（一九七八年）
海星同窓会々報『窓の星』第十二号（一九二七年）
海星同窓会々報『海の星』第二十六号（一九三五年）
粟田藤平著『おお、白銀のチロル』武蔵野書房（二〇〇八年）
安達敏昭著『夢二の旅』ＡＤアート（二〇〇六年）
堀田武夫著『長崎歌人伝・ここは肥前の長崎か』（一九九七年）
越中哲也著「夏汀永見徳太郎書簡（其の一）（その二）」『長崎市立図書館々報』第十四号・十五号所収（一九七四年・一九七五年）
林源吉著「夏汀追憶三題」『長崎談叢』第三十八輯所収（一九五三年）
新名規明著『芥川龍之介の長崎』長崎文献社（二〇一五年）
新名規明著「永見徳太郎の文筆活動」『ら・めえる』75号所収（二〇一七年）

著者略歴
新名　規明（にいな　のりあき）

1945年　鹿児島県に生まれる
1968年　九州大学文学部哲学科卒
1971年　同大学院修士課程修了
1980年～2009年　海星学園教諭
著書に「彦山の月」「芥川龍之介の長崎」（長崎文献社刊）「鷗外歴史文学（序論・続論）」などがある

長崎偉人伝
永見徳太郎

発　行　日　2019年5月30日　初版第1刷
著　　　者　新名　規明（にいな　のりあき）
発　行　人　片山　仁志
編　集　人　堀　　憲昭
発　行　所　株式会社 長崎文献社
〒850-0057　長崎市大黒町3-1　長崎交通産業ビル5階
TEL095-823-5247　ファックス095-823-5252
HP:http://www.e-bunken.com
印刷・製本　株式会社 インテックス

ISBN978-4-88851-315-9　C0023